音楽之友社
音楽指導ブック

Q&Aと授業リポートで探る
音楽づくりの言葉がけ
表現意欲と思考を導くために

平野次郎

まえがきにかえて
―― 平野次郎先生との出会い

　小学校の音楽室から聴こえてきた、粋でジャジーなピアノの響きに誘われて扉を開けてみると――そこにあったのは音楽を心身で感じ取り、自らの考えで音楽をつくり出す子どもたちの輪と、それを深い音楽性と機知に富んだ言葉で導く平野先生の姿でした。

　「僕はこんな表現をしたい！」「私はもっとこうした方がいいと思う！」音楽をつくることに対して、とても積極的で主体的な考えをもつ子どもたち。あふれる発想を次々と試してみては、「君がそう表現するのなら、僕はこうしようかな！」「それ、私もまねしてみたい！」と、音を介した新たなコミュニケーションが生まれ、重なり合って広がっていく……それは素敵な曲や名演奏に出逢った時ともまた違う、あるいはもっと根本的な「音楽の喜び」。私はその渦中で当然のようにそれを享受している子どもたちが、心の底から羨ましくなりました。自分も子どもの頃にこんな音楽の世界を知ることができていたら、今頃どんな人生を送っていただろう……。

　だから、私は平野先生にお願いしました。「先生の授業づくりの秘密を教えてください！」と……そうして授業に幾度もお邪魔し、さらにその授業に対して「なぜ先生はここでこうしたのですか？」とインタビューを重ね……でき上がったのが、この本です。

易しい指導内容を「どう教えるか」にフォーカス

　できるだけシンプル、あるいは汎用的な題材に絞り、平易な指導内容を「どう教えるか」の部分に特化しました。先生が「何を大切にして、どんな手順で授業を進めているか」「子どもたちにどんな言葉をかけているか」「子どもたちの発言や音楽表現をどう拾っているか」という点に、ぜひ注目してください。

子どもたちの「思考の流れ」にフォーカス

　本書の舞台である筑波大学附属小学校は、教育研究校として長い伝統がある学校です。その分、研究会などでは良くも悪くも「筑波の子だからできるけど、一般の学校では無理……」という声を聞きます。

　でも、本書では「子どもたちが何をどんな手順で考え、どうやってその音楽表現に行きついたのか」という、子どもたちの「思考の流れ」を詳しく追いかけました。ごく普通の子どもたちが、仲間たちと考え、試し、迷い、悩み、気づき、学びながら音楽をつくり上げていく様、そこで使われている指導のアイディアは、どこの学校でもきっと同じように活用できることでしょう。

数々の授業事例から抽出した「汎用的なポイント」にフォーカス

　序章では、まず音楽づくりに対する基本的なコンセプトを平野先生自身に書き著していただきました。続く第1章「音楽づくりの授業リポート」では実際の授業を紙上に再現し、その指導の要点を併せて解説。それを踏まえた第2章「音楽づくりの授業Q&A」では、第1章の授業を取材する上で浮かんだ疑問を先生に改めて投げかけ、授業づくりのもとになった考え方や根底にある指導観まで、包み隠さず話していただきました。

　「音楽づくりの授業にマニュアルはない」と平野先生は言います。授業はケースバイケース……しかし、たくさんの事例を並べて共通項を抽出することで、先生が「常に大切にしていること」も浮かび上がってきました。

　最後になりましたが、取材を受け入れてくださった平野先生と各学級の子どもたち、ならびに筑波大学附属小学校音楽部の先生方はじめ関係者の皆様に心より感謝を申し上げるとともに、本書第1章・第2章の文責は私にあることを申し添えます。

第1章「音楽づくりの授業リポート」取材・執筆
第2章「音楽づくりの授業Q&A」聞き手・構成
音楽ライター　小島綾野

C   O   N   T

まえがきにかえて —————————————— 3

序章 　**私が音楽づくりで大切にしていること**—— 6

第**1**章 　**音楽づくりの授業 リポート**

FILE **0** 　**1人ずつ座るゲーム**————————— 12
ゲームに宿る音楽づくりの萌芽

FILE **1** 　**打楽器で1人1音**————————— 16
学習のルールと音を慈しむ心を学ぶ

FILE **2** 　**手拍子の音楽づくり**————————— 22
絞られた「条件」が引き出すクリエイティビティ

FILE **3** 　**1音アドリブ**————————————— 30
ごくシンプルなことからステップを踏んでいこう

FILE **4** 　**音型の分析**————————————— 38
「考えること」「議論すること」を楽しもう！

FILE **5** 　**Ⅰ-Ⅳ-Ⅴ-Ⅰの旋律づくり**————— 47
知識を音楽づくりで身につける

（FILE 5 の続き）　音楽を「完成」させていく子どもたちのドラマ——— 54

FILE **6** 　**役割のある音楽**————————————— 64
音楽づくりで「生き方」を学ぶ

E　　　　　　　N　　　　　　　T　　　　　　　S

第2章　音楽づくりの授業 Q&A

Q1　年間を通して行う みんなが安心して表現できる環境づくり ————— 76

Q2　授業時数を有益に使うための横断的な授業時間の使い方・年間計画 ————— 77

Q3　音楽科の学びは「感じ取って、考える」音を通して考えることも「言語活動」— 78

Q4　音楽づくりの授業は子どもたちと一緒につくり上げていくもの ————— 79

Q5　音楽づくりのモチベーションとは？「思いや意図」とは？ ————— 80

Q6　子どもたちが自ら考え、必要性を感じる授業のルールと伝え方 ————— 81

Q7　共通事項・音楽用語は名前よりも本質を感じて学ぶ ————— 82

Q8　板書や記譜をする・させる時は目的や意義を忘れないで ————— 83

Q9　シンプルな条件設定のねらい 子どもの思考を揺さぶる条件の提示 ————— 84

Q10　「まとまり・つながり・終わり」を音楽づくりの手がかりに ————— 85

Q11　器楽の演奏技能・楽器の特性も気に留めて ————— 86

Q12　グループ分けは活動への意欲と成果を大きく左右する ————— 87

Q13　「即興表現」「つくり上げる」「完成させる」それぞれの意味と価値 ————— 88

Q14　子どもの表現や思考を中心にした授業をするための教師の視点 ————— 89

Q15　教師の価値観の押しつけにしない 音楽づくりでのアドバイスの在り方 ————— 90

Q16　グループ活動での個別指導・中間発表の目的、指導のポイント ————— 91

Q17　表現を「聴く力」と「まねに対する価値観」を育てる ————— 92

Q18　ピンチを成長のチャンスに変えるための言葉がけとサポート ————— 93

Q19　みんなが音楽を好きになれる子どもの見方・個性の伸ばし方 ————— 94

あとがき ————— 95

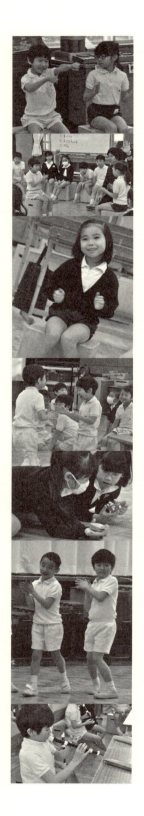

序章
私が音楽づくりで大切にしていること

「音楽づくりの授業って、子どもたちを変えてくれますよね！」

最近、先生方からこのような声をたくさん聞くようになりました。まさにそのとおりだと、私も実感しています。歌唱の授業ではなかなか活躍できなかった子が活躍する。器楽で技能的に困っている子が、今もっている音楽の力を使って必死に表現したりする……音楽づくりの授業では、こんな子どもたちの姿が見られます。

音楽の授業でも即興的に表現していいんだ

私が音楽づくりの授業に出合ったのは、公立小学校で6年生を担任している時でした。第8次学習指導要領が平成20年に告示されたちょうどその頃、指導主事の先生に参観していただく機会がありました。「せっかく見ていただくのだから、何か挑戦してみよう」と考えた私（当時28歳）は、学習指導要領に改めて目を向けました。歌唱、器楽、音楽づくり、鑑賞の内容をざっくりと読み、一番印象に残った文言が、この改訂で強化された「即興的に表現すること」でした。私は大学時代にジャズ＆ポップスのピアノを専攻していたこともあり、「音楽の授業で即興的に表現してもいい場があるんだ」と、両手を広げて喜んだことを覚えています。

私も含め、これまでの音楽教育は先生からの一方的な指示に応えたり、楽譜などに示された音楽を再現したりする活動が多かったように思います。もちろん、示された音や音楽を忠実に表現することの意義はあります。何百年前の名曲がこの時代まで受け継がれているのも、それがあるからです。しかし時代を先に進めるためには、新たなものを生み出す機会もなければなりません。やや大げさですが、音楽づくりの「即興的に表現すること」という文言に、私はその「新たなものを生み出す」という可能性を感じたのです。

子どもは「自由」が大好き

さて、その時の研究授業はというと、あるコード進行の上で鍵盤ハーモ

ニカを使ってアドリブをするという内容でした。今考えると冷汗ものの授業でしたが、子どもたちは生き生きと表現していました。そして、歌では目立たない子が活躍し、その目を輝かせていました。それはなぜか。1つは「子どもが自由を得たからだ」と思います。

当然ながら、楽譜を忠実に再現していく場面では、子どもにそこまでの自由度はありません。そんな場面で1人ひとりに自由が与えられると、音楽としてまとまらなくなってしまいます。しかし、1人ひとりがアドリブをしていく場面では、音楽的にかなりの自由度が生まれます。子どもたちと毎日接していれば感じるとおり、子どもたちは「自由」という言葉が好き、そして「自由」という状況が好き。「席替えやグループ決めは自由にします」なんて子どもたちに伝えたら、「やった～！」という反応が返ってきますが（私はあまりしませんが……）、子どもたちの感覚はそういうものです。ですから、授業の中でもある程度の「自由」を保障することが、「進んで自らを表現しよう」という原動力になるのだと思います。

音楽づくりでは「思考」「過程」が大事

子どもたちの目が輝いていた理由をもう1つ考えてみます。端的に言えば「自分が今もっている音楽の力」で表現することができたから、です。音楽を表現する時には、演奏技能のレベルの高低が演奏を左右します。しかし音楽をつくり出す時には、それよりも「自分が今もっている音楽の力を搾り出して、何かを表現しよう」という気持ちの方が重要になるのです。そこでは技能レベルの代わりに、何を重視すればいいのでしょうか。その答えは「思考」です。

即興的に表現する場面で、「技能レベルが高い子が、あまり考えずに適当に表現している姿」と「技能に不安を抱えながらも、自分が表現したい音や音楽に対して熱心に考えて、自分が今もつ音楽の力で表現している姿」のどちらを評価するでしょうか。音楽づくりの授業であれば、私は後者を評価し、応援します（もちろん前者を放っておくわけではありませんが……）。ということは、音楽づくりでは最終的に表れた音や音楽ではなく、それまでの過程、そこに至るまでの思考が大切だということです。

芸術としての音楽ならば、最終的に音や音楽で表されたものに感動したり、時には人生を左右されたりします。もちろん、音楽教育の中にも合唱や合奏のようにみんなで1つの表現をつくり上げて、聴いている人の心を動かす場面もあります。でも、やはり全員で1つの表現をつくり上げていく時には、ある程度先生が引っ張っていかなければなりません。その分、「子どもの思考が最終的な表現にどれだけ反映されているか」という視点で考えた時には、やや弱さがあるのではないでしょうか。

しかし、これから子どもたちが生き抜いていく時代は、「指示されたことや与えられた責務を確実に果たす」ことに付け加えて、「自分に何ができるのか」が求められていく時代です。社会の役に立つためには、自分がもつ力の何を生かしていけばいいのか、また、どんなことを考えてどんな発信

をすれば未来が拓けていくのか、ということを1人ひとりが考えていくことが求められるようになります。

やや大きな、未来の話になってしまいましたが、それではほんの45分間の小学校の音楽の授業で、その「思考」をどうやって育てていけばいいのでしょうか。

子どもの思考を「見つめる」

私の答えの1つは、「考える場面をたくさん用意する」ことです。とはいえ正直なところ、音楽表現での「思考」は見えにくいものです。もともと音や音楽で「見える・見えない」の話をするのも見当違いかもしれませんし、「思考」もまた目に見えないもの。だからこそ私は1人ひとりと真剣に向き合い、必死にかかわることで、子どもたちの思考を見つめようとしています。子どもの思考は、書かせたり発表させたりすれば具体的に受け取れますが、音楽の授業はライブのようなもの。書かせることや発表させることだけに重点を置くのではなく、1人ひとりの表現やグループでの活動を真剣に見ることでも、「子どもの思考」を受け取ることができます。

これはもちろん評価にもつながります。授業には評価がつきものですが、私は評価することを目的にして子どもに向き合ったり、かかわったりしようとは思っていません。子どもが何を考え、何を表現しようとしているのかを必死に見ようと努めた結果、それらの積み重ねで最終的な評価を決めればいいと考えます。ただひたすら「みんなの音楽の力を育ててあげたい」と真剣に考えながら授業に臨み、技能的に優れている子にもそうでない子に対しても、たくさんの言葉をかけています。

音楽が苦手な先生にもできる「言葉がけ」

本書のタイトルにも「言葉がけ」という文字が躍っています。「言葉がけ」にこだわる理由はいくつかありますが、1つは「音楽の授業が苦手」と思っている先生方にも「言葉がけ」なら分かち合ってもらえることです。たとえピアノが弾けなくても、歌が上手に歌えなくても、楽譜が思うように読めなくても、教師として目の前の子どもたちに言葉をかけてあげることはできます。もちろんある程度の音楽的な知識や技能を身につけておいた方がいいですが、音楽の指導に困った時には、子どもたち1人ひとりに「いいね〜」「あっ！上手だね」などと声をかけることから始めればいいのです。

子どもたちだけでなく、人間は誰でも「プラスの言葉」をかけてもらうと嬉しいものです。音楽の授業ならばなおさら、子どもたちをいい意味で調子にのらせて、やる気にさせることが「音楽の授業を好きになる」ことへの近道にもなります。もしかすると週に1〜2時間しか1つのクラスの子どもたちと向き合えない専科の先生より、「音楽の授業って難しいな〜」と思いながらも四六時中同じ子どもたちと向き合っている担任の先生の方が、その子にぴったりの言葉をかけてあげられるのかもしれません。

音楽的な根拠のある思考を子どもたちに

「音楽は、感じるままに表現すればいいのです！」といわれることもあるでしょう。しかしこれでは感じることが得意な子や、技能的に優れた子しか、音楽を表現することを楽しめないということになります。はっきり言ってしまえば、音楽は上手・下手が明確に表れてしまう分野です。でも、音楽の楽しみ方は多様であっていいはず。ましてや音楽の入り口の部分を学ぶ小学校の段階であれば、多様な音楽に触れ、多様な考え方を生かして表現していくことを大切にしたいと思います。

ある表現が実現できなくても、音楽に対して「考える」ことはできます（もちろん、最低限の知識や技能は必要ですが）。しかし、小学校の音楽科の世界では、「思考」について深く議論されることは少ないように思えます。その理由を考えた時に、まず浮かぶのが「イメージ」という言葉です。

「森をイメージして音楽をつくりましょう」「秋のイメージで音楽をつくりましょう」と投げかけても、子どもの思考を深めることはなかなかできません。なぜなら「イメージで語ってしまえば、イメージを根拠にして表現してしまえばなんでもあり」になってしまうからです。「秋のイメージ」は人それぞれですし、それを比べることも、音楽的ではないからといって否定したり指導したりすることもできません。だからこそ、授業という場での扱いが難しいのです。

ならば私はどんな思考を子どもたちにさせたいかというと、「音楽の要素や仕組みに直結する思考」です。「リズムを○○のように考えて」や「○○のようにしたいから、旋律をこうした」というように……。このような思考では、明確な根拠が音楽の中にあります。子どもたちに根拠を尋ねた時にも、1人ひとりの根拠に差が生まれ、互いの思考の違いを比べたり、その違いを音楽的な観点で分かち合い、深め合ったりすることができます。

だからといって、「イメージ」を完全否定したいのではありません。「イメージが先行してしまっては、子どもの音楽的な思考がはっきりしない」というのが私の考えです。音楽をつくり上げていく段階で、「○○のようにしようよ」とイメージで語り合う、相談し合う場面があってもいいと思います。

すべては「つくり上げるために」

さて、「音楽をつくり上げるためには、考えることが大切」と述べていますが、私は音楽づくり以外の授業でもこの「つくり上げる」ということを意識しています。私の中では、歌うことも楽器を演奏することも、音楽を聴くことも、最後は「音楽をつくり上げる」ところに向かっています。そう、「すべては音楽をつくり上げるために」という意識です。

国語科や家庭科など他教科の活動を見回してみても、作品を再現するだけに留まってはいません。これまでに積み上げてきたもの、自分の力で獲得してきたもの、新たに考えてアイディアを出したものなどを組み合わせ

て、自分の表現を生み出していきます。もともと子どもは、「まねをするだけではなくて、新しいものをつくり出したい、新たなものに挑戦したい」という気持ちを大人以上にもっています。ですから、この初等教育の段階で「つくり上げること」を意識する、そして大切にすることは、これからの日本を支えていく子どもたちにとって必要なことだと思うのです。

子どもの頃に味わった「つくること」の原体験

　ここで、卒業していった子どもたちからの言葉を紹介させてください。
「自分で考えて演奏する授業、楽しかったです」
「様々なジャンルの音楽に興味をもつことができ、音楽の世界が広がったと思います」
「自分で瞬時に即興をしたり、曲をつくったりすることがとても楽しかったです」
「即興は、最初は間違えたらどうしようと思っていましたが、だんだん慣れてきて、楽しんで演奏できるようになりました」
「私は昔から音楽が苦手でした。今も皆より下手だと思いますが、音楽が好きになれました。楽しい授業と工夫、ありがとうございました」
　どれも涙が出るくらい嬉しいメッセージです。授業をしている時には、子どもたちに直接「即興が大切なんだ！」とか「考えて表現できるようにね」なんて伝えることはありません。でも授業を通して、子どもたちには私の想いがしっかりと伝わり、感じ取ってくれているんですね。本当に嬉しくなります。
　私自身の子どもの頃も思い返してみると、中学生の時にクラスで歌っていた合唱曲の前奏をつくって、学校に持って行ったことがありました。それを先生に聴いてもらった時、そしてみんなの前で弾いた時には、「自分で考えて表現することって楽しいな～」と感じていたはずです。当時の私は本格的にピアノを習っていたわけではありませんでしたが、やはり「自分で考えて弾くこと」が好きだったし、そこに価値を見出していたんだと思います。それからは、「コード表」をピアノの上に置いて、1つひとつのコードを覚えてはそれをつなげて遊ぶようになりました。そんな経験が今の授業の原点となっているのかもしれません。当時の私には、周りで「いいね～」と評価してくれた先生方や仲間がいました。もしそれがなければ、今のような音楽授業に対する考え方や授業スタイルには至らなかったでしょう。

　本書を手に取っていただいた先生方にも、音楽づくりの活動で一生懸命考えて、必死に表現する子どもたちを応援してほしいと思っています。音楽の授業、その中でも音楽づくりの授業では、「子どもとともにつくり上げていくこと」が大いにできます。その「ともにつくり上げていく過程」において、子どもたちにどんな言葉をかけるのか、そして、子どものどこを、何を見ていけばいいのか。本書を通してお伝えできれば幸いです。

第1章 音楽づくりの授業リポート

授業
平野次郎／筑波大学附属小学校の子どもたち

リポート
小島綾野

授業を紙上で再現！　先生の言葉も子どもたちの反応や表現・作品も予定調和なし。
うまくいくこともあれば、時には失敗したり横道に逸れたりすることもありますが
その対応を含めて全部お伝えします。
低学年の子どもたちが大好きな音楽ゲームから高学年の大きな作品づくりまで
授業の様々なシーンで子どもたちや先生が何を考え、
どんな発言や表現をし、どういう行動をとるか……
その1つひとつを追いかけていくうちに
「音楽づくりの授業の核心」が見えてくるはずです。

●授業時間（本校は40分）のうち、音楽づくりの時間のみを
「本活動」として収載しています。

♪は音楽的なポイント
♥はコミュニケーション・言葉がけのポイントを表しています。

1人ずつ座るゲーム
ゲームに宿る音楽づくりの萌芽

音楽ゲームにもひそんでいる音楽づくりの種。シンプルなゲームでも、進め方次第で深い学びのある音楽的な体験になる。子どもたちが大好きな、1人ずつ座るゲーム。そのポイントとアレンジ例を実践リポートで紹介。

プロローグ 『かもつれっしゃ〜なべなべ』

1年生は音楽ゲームの定番『かもつれっしゃ』が大好き。だが、忘れてはならないのは伴奏をよく聴くこと。足取りが拍に合っているか、ピアノの強弱やリズム、音域に合わせて歌い方や歩き方を調節しているか。それが疎かになっては授業でやる意味がないし、音楽ゲームとしての楽しさも半減してしまう。スウィングのリズムではノリよく、高音域でのバラード調の伴奏なら、美しく可愛らしく歌い分ける子どもたち。

じゃんけんを繰り返して全員が1編成の列車につながったら、そのまま先頭と最後尾をくっつけて円になり、全員で『なべなべそこぬけ』。伴奏を切らず、2曲をメドレーにしてつなぐと、ノリも気持ちも途切れない。クラス全員での『なべなべ』では普通、誰と誰の間を「門」にするかを決めるだけで時間がかかるものだが、「『かもつれっしゃ』で先頭になった子と最後尾の子の間を門にする」と決まっているのでまったく滞りがない。だからこそ心と体でどっぷりと音楽にひたれる。

> 常時活動や音楽ゲームでも共通事項を意識。音色やリズムなど音楽の要素が変化すると音楽がどう変わるか、それに合わせて歌い方や動きをどう変えていくかを体感することで、共通事項が心身に染みこんでいく。
> → Q7 p.82

> 意味もなく音楽を切らないことで、逆に「やむをえず音楽を途切れさせる時」（危険な時や指導する時など）に特別な意味が生まれ、子どもたちの注意が集まる。
> → Q6 p.81

1人ずつ座るゲーム ベーシック

ルールは簡単。「先生が打つ拍に合わせて1人ずつ順に座る」ただそれだけ。

『なべなべ』が終わり「先頭さん誰ですか？」「おしまいさんは？」と問われ、2人が迷わず手を上げた。先生がバスウッドドラムで打つ♩＝80程度の拍は、1拍目が高音、2・3・4拍目が低音の4拍子。誰からともなく肩やひざで拍をとり始め、その楽しげな動きが伝わって、みんなの身体がリズミカルに弾み出す。子どもたちの中に拍の流れがなじんだら「いくよ。1・2・3・はい！」先頭の子から1人ずつ、拍に合わせてリズミカルに座っていく。

拍に即したみんなの動きは、ウェーブのようで実に美しい。拍を感じながら友達の動きを目で追い、自分の数拍前から息を合わせて、拍ぴったりで座

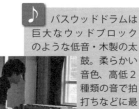

> バスウッドドラムは巨大なウッドブロックのような低音・木製の太鼓。柔らかい音色、高低2種類の音で拍打ちなどに最適。なければウッドブロックやクラベスで代用可。

12　第1章　音楽づくりの授業リポート

FILE 1人ずつ座るゲーム

ることに全神経を集中。誰しも順調に続いてきた拍の流れを自分のところで止めたくないし、その一部分に自分もなりたいと願う。

それに自分が無事に座り終えても、拍の流れは終わらない。1・2・3・4・1・2・3・4……最後の1人までその流れをみんなが見つめ、最後の拍で「イエーイ！」とジャンプ！ 全員でつくり上げたきれいな流れに、笑顔と歓声があふれる。

> 最後のジャンプは子どもたちから自然発生したものだが、「終わり」を意識することや「自分が座った後も最後まで見届ける」という責任感にもつながる。さらには合唱で「後奏まで気を抜かない」ことや、合奏で「自分のパートが休みの時も音楽の流れを感じ続ける」ことにも通じる。
> → Q10 p.85

注意点──「楽しい」だけではいけない

時に拍を無視して暴走してしまう子どもたち。「1・2・3・4！ 1・2・3・4！」と楽しげに連呼し、声の大きさを競い始めたら黄信号。くるくる回って座ったり、ポーズをつけたり……遊びとしては楽しいが、音楽の授業であることを鑑みて先生は「今はしっかり合わせるところ」と一線を引く。

ある子がジャンプで弾みをつけて座ろうとすると、逆に拍がわかりにくくなってしまった。ひざを曲げた瞬間か、飛び上がった瞬間か、着地の瞬間か……そうすると戸惑うのは次に続く子だ。「面白く座りたい人もいるかもしれないけど、拍に合わなくなっちゃうよ。拍に合わせて座るために動かなきゃね！」そう指摘されて拍を数える声も落ち着き、タイミングを合わせて座ることに集中する。傍目には雰囲気が白けてしまったようにも見えるが、子どもたちは「淀みなく拍を流す」という楽しみに夢中になっているのだ。

> 今は自分のユニークさをアピールする場面ではなく、拍を感じることが目的なのだから。
> → Q1 p.76

アレンジ例1 速いテンポで

「いいね！ じゃあ、ちょっと速いの行くか……」と先生。♩=130程度に速度が変わるだけだが、1年生にとってはかなりハードルが高くなる。

そこでまずは1小節・4人だけで挑戦。「1・2・3・4」で止め、4人が無事にできたら次の4人へ。集中すべき時間がごく短いので、逆に緊張が研ぎ澄まされる。それにたった4人でも「できた！」という確かな達成感がある。ただこれだけの活動なのに、成功を喜ぶ子どもたちはとても誇らしそう！

> 器楽などで1小節ずつ練習するのと同じ。小さな単位で確実に固めていくことで、その後も苦手意識を感じずに活動が進められる。

アレンジ例2 拍だけではなくリズムでも

拍打ちだけでなくリズムでも遊べる。先生は次のリズムをバスウッドドラムでたたいてみせ、「このリズムで、10人ずつ行きます！」と指示した。

最初は難しい。テンポを落とし「タン、タタ、タン、タン、タタ、タタ、タン」と口でも唱えながらリズムを示す先生。1組目の10人はしどろもどろだったが、それを見て他の子たちはやり方を理解したよう。「タン、タタ、タン、タン、タタ、タタ、タン！」周りの子たちも声で仲間をサポート。

2組目・3組目にも戸惑う子はいるが、余裕のある子が手振りでタイミングを教え始め、互いに助け合う。特に8分音符や裏拍にあたる子は難易度が

13

> この心構えは音楽活動の様々なシーンにつながる。「裏拍を感じ取ってリズムをとる」「主旋律の流れを把握して副旋律を入れる」という技能の大元にも。

> 「メロディーだけが主役」「主役以外はつまらない」と考えず、音楽には様々な役割があること、1人ひとりがその役割を果たしてこそ美しい音楽ができるのだと知ることはとても貴重。それは社会の在り方、その中での生き方をも示唆する。

> ちょっとしたゲームにも打楽器を入れて、楽器に触れる機会を増やす。また「おしまいさん」とは要するに『かもつれっしゃ』で自分の列車が1回も勝てなかったということ。それが一転、みんながうらやむ打楽器担当に！

高い。みんなでリズムを口ずさみながらなんとか最後まで到達、ラストの1人が決まると「イエーイ！」とお決まりのエンディングに辿りついた。

「♩♫♩♫♩」で1つのまとまり。『この10人で1つの音楽』って捉えてほしいんだな。たとえばセイシュウくんは、タンタ『タ』の1つの音しか表現しない。でも10人で1つの音楽なんだから、セイシュウくんにはやっぱり『その音楽の一員なんだ』って思ってほしいんだよ。自分1人で表現できることも大事だけど、みんなで1つの音楽をつくれることも大切なんだ」と先生、その心構えを経て2周目に。子どもたちの目的意識が刷新されて、流れは見違えるようにスムーズになった。音楽の感じ取り方も表現も、気持ち1つで進化する。最後は「タン、タタ、タン、タン、タタ、タタ、タン、イエーイ！」みんなでつくり上げた音楽に、いっそう大きな歓声が上がった。

アレンジ例3　打楽器も入れて＋テンポアップ

このゲームは中学年以上でも楽しい。ある初夏の日の3年生（→1音アドリブ p.30）、『かもつれっしゃ』でひとしきり盛り上がり、その終わりに1重の円になった子どもたちに「先頭さんとおしまいさん、おいで」。そうして先生が2人に預けたのは、バスウッドドラムとテンプルブロックだ。

彼らに拍打ちを任せ、先生はピアノで伴奏をしながらゲームスタート。3年生ともなれば、打楽器隊もピアノをよく聴いて上手に拍を打つ。ところが……このバージョンでは最後の1人が座ってもゲームが終わらず、2周目は「座る→立つ」という動きで続行。伴奏が半音上がり、テンポも少し速くなる。そう、このバージョンのルールは「どんどん上がるテンポについていけるか」。スリリングなルールに3年生も白熱する。

先生が伝授するコツは「座ったり立ったりする時には、氷みたいに固まること」。自分が無事に座り終え・立ち終えても固まったまま集中を保ち、みんなが拍を渡していくのを見届ける。そうすると、次にまた自分の番が近づいてきた時にもまごつかずに動けるのだ。

■先生のピアノ伴奏

時折「うまい！」と歓声を上げる先生。常に拍を感じ、自分の番でばっちり拍に合わせて座る子、メリハリのある機敏な動きをする子……それから、前の子が少しよろけても自分の拍を見失わずに動き、全体の流れを立て直した子には「ナイスカバー！」。

3周目、4周目……徐々にテンポとキーが上がり、時限爆弾のように緊張感が高まってくる。打楽器隊には「ピアノの音をよく聴いてね」と牽制が飛ぶ。興奮するとテンポが走りがち、ボリュームが上がりがちになってしまうが、彼らの冷静なガイドがあってこそ、クラスのみんなもベストのパフォーマンスができるのだから。5周目、6周目……「やばい！」誰かが悲鳴を上げると、別の誰かが「慌てないで！」とフォロー。

そして、みんなのナイスプレーが成し遂げた10周……終わり時を図って加速度を増した先生のピアノに振り落とされ、最後はダダダダダダダダ……と連打になって終了。「うわー！」「きゃー！」大騒ぎの子どもたちに達成感があふれる。

アレンジ例4　1拍目だけ座る

　「今度は1歩難しくしまーす」と先生、バスウッドドラムを担っていた子からマレットを受け取り、打楽器隊を輪の中に戻す。1拍目は高音、2・3・4拍目は低音で4拍子を打ち「この1拍目にあたる人しか、座っちゃいけません」。「へっ!?」戸惑う子どもたちだが、試しに先頭の8人でやってみる。

　「そういうこと。だから間の3人は座らないんだね」。ルールを理解したみんなに、先生は話を続ける。「座る時ってどんな時?」「1拍目でしょ」「うん。『1拍目』じゃない言い方だと?」「先生が、気合を入れてたたくところ」その表現に先生はことさらに頷いた。「そう。**先生は少し強くたたいてるよね。小節の頭の部分です**」。アクセントにこめられた意味を言葉でも理解したところで、いよいよゲームスタート。

　拍に合わせ、1人目・5人目・9人目が座り……普段よりさらに慎重になった子どもたちが、首やひざで拍をとり始めた。「**ああ、首で数えるとわかりやすいね!**」その仕草を褒める先生に、みんなの動きはさらにシンクロする。人数を数え、自分が座る役かどうか確かめて心の準備をする子も。ところが……「あっ」「あぁー」数小節目で失敗。悔しそうな子どもたちだが、先生は「**でも、今日はいっぱい失敗していいからね!**」と微笑む。授業でこのゲームをやる目的は勝敗や娯楽ではなく、拍を身体で感じ取ることなのだから。

　気を取り直して2回目。「**さっきうまく行ったところは、周りの人が合図してあげてたよ**」それを聞いた子どもたち、今度はクラス全員で拍をとり、次に座る子に目配せをして身振り手振りでタイミングを伝える。40人が拍と心を1つにして、2周目はばっちり成功!

　すると「今、立ってる人は1歩前に出て、円をつめて」と先生。さっきは優越感をもって1拍目で座った子たちが「えっ」と顔色を変える。座らずに残った人の方が、ゲームを続けられるルールだなんて……それもまた世の無情を学ぶ機会になりそう。だが、先生は彼らにも重要な役割を与える。「**周りで座っているお友達は、先生と一緒に1拍目で手拍子を打って**」。

　そして2回戦へ。座っている子たちが打つ手拍子で、いっそう場が盛り上がる。2回戦でも1回戦と同様、1拍目で座った子は順に手拍子役に回り、3回戦・4回戦と繰り返していく。「がんばれー!」「やったー!」手拍子とエールが飛び交い、みんなが息をつめて拍を感じ、ゲームの行方を見守る。

　このゲームには勝敗は存在しない。では何が、子どもたちをこんなに熱中させるのだろう。それはきっと「みんなで拍を共有すること」「音楽を共有すること」の根本的な楽しさ。そんな音楽の根源ともいえる喜びは、このようなシンプルなゲームでも十二分に学べるのだ!

> ♥ プレイヤーだけでなく、サポート役・盛り上げ役も大事。それに今はたまたまプレイヤー側にいる子も、次の機会には別の役割に回る。みんながそれぞれの役割で全力を果たし、互いの役割を尊重してこそ全体が盛り上がる。

FILE 1

打楽器で1人1音
学習のルールと音を慈しむ心を学ぶ

Keywords 打楽器 短時間

共通事項 強弱 音色

対象 低学年
かかる時間 25分程度×1コマ
用意するもの トライアングル・カスタネット・鈴・タンブリン（各10点程度、4種のいずれかをクラス全員が持てるように）

■授業の手順

第1時

活動 1　打楽器を持って音を鳴らしてみよう

● 1人ずつ座るゲーム（→p.12）とともに、1～4の番号を1人1つ割り振る。
● 割り振った番号にならい、トライアングル・カスタネット・鈴・タンブリンを1人1つずつ配布する。
● 強い音・弱い音、長い音・短い音など、様々な奏法を試す。

活動 2　1人1音ずつ音を出してみよう

● 円の隊形で順番に、1人1音ずつ自分の手元の楽器を鳴らす。

活動 3　自分がどんな音を出したいか考えよう

● 楽器を交換する。
● 自分に与えられた楽器の奏法を3つ考え、そのうち1つを選ぶ。
● 選んだ奏法を、1人1音ずつ発表する。

活動 4　どういう考えで音を出したか振り返ろう

● どうしてその奏法を選んだのか発言し、様々な考え方を整理する。

授業づくりの意図

「小学校の主要4打楽器」ともいえそうな、トライアングル・カスタネット・鈴・タンブリンを使って音色や奏法を探究します。低学年でクラス全員に打楽器を持たせるのは、規律を保つ面で難しく思えるかもしれませんが、子どもたちの意欲をコントロールすれば大丈夫。「自分の番以外では音を出さない」「先生や友達が話をする時は音を止める」「楽器は丁寧に扱う」など、楽器を扱う時の基本的なルールも体験的に身につけていきます。

16　第1章　音楽づくりの授業リポート

授業リポート 1年生

FILE 1 打楽器で1人1音

第1時　本活動：25分

活動 1　打楽器を持って音を鳴らしてみよう

打楽器が1人1つ配られて……

　リコーダーと『かもつれっしゃ』、1人ずつ座るゲーム（→p.12）の常時活動で授業がスタート。ところが今日は**いつものゲームに「先生が番号を言うから、自分の番号を覚えておいて」**と、いつもと違うミッションが加わる。先生が打つ拍にのり、リズミカルに座る子どもたちに「1・2・3・4・1・2・3・4……」と番号を伝える先生。それだけでグループ分けが完了！

　約20秒のゲームと同時に番号が行きわたったが、1年生の子どもたちが確認できるように、同じことをもう1回繰り返す。そうしてみんなが確実に覚えた番号を使って、本時の活動が始まる。

　「1番の人？」「はい！」胸を張る1番の子たちを連れて先生は楽器棚に向かい、**タンブリン・トライアングル・鈴・カスタネット**のかごを出すのを手伝わせた（それだけなのに、みんなとっても誇らしげ）。輪の中心にかごが置かれ、思わず手を伸ばしたくなる。が、先生は「**やりたい気持ちはわかるけど、時間がもったいないからね**」と共感しながら牽制。「1番の人、ここからトライアングルを持っていこう」先生の指示で1人1つずつ楽器を取る。2番の人はカスタネット、3番は鈴、4番はタンブリン。

楽器を鳴らす時のルールを確認

　全員に行きわたるのを待たず、楽器を鳴らし始める子どもたち。先生は「**静かにして」「音を止めて**」とは言わず……いきなり指を振り下ろす。見覚えのある合図に気づいた子は、それに合わせて「バン！」と手元の楽器を鳴らしてみせた。「**イット、よく見てたね！**」すかさず反応した子を褒めてから「せーの！」でもう1回指を下ろすと、今度は全員がそれに呼応して音を出す。

　「先生の動きをよく見て……」と、うって変わって指を小さく振り下ろした先生。はじめは違いを理解できず、先と同じように音を出した子も多かったが、きちんとニュアンスを読みとった子を「アッキー、もう1回やって」と指名。彼がカスタネットを鳴らし……「**おお、小さい音！**」歓声を上げて、指示の意味と価値を全員に広める。一方で「アッキーの小さい音、先生には届いたけど、ちょっと鈴の音が邪魔してたな」とも。**無造作に鈴を持っていた子たちがハッとし、**音が出ないよう意識して鈴を抱きしめる。

　再び全員で「持っている楽器で一番大きな音」を出す。「でも、何しちゃいけないんだっけ？」その問いに、「**壊さない！**」と明快に答える子どもたち。「そのとおり。せーの！」先生が大きく腕を振り下ろすと、みんなの渾身の音が「ジャン！」と揃った。

♥　1つの活動に複数の目的を入れれば時間の短縮にもなり、流れもスムーズに。また、1年生なので確認は丁寧に。授業計画に余裕があれば、こういう点に気を配ってあげられる。
　→Q4　p.79

♪　あえて汎用的な打楽器を使用。「珍しい楽器」「好きな楽器」ではないことで「与えられた楽器でいかに個性的な音を出すか」に関心が集中する。
　→Q9　p.84

♥　音を止めさせるのではなく「音を出したい」という気持ちをコントロールする。
　→Q6　p.81

🔑 **KEY PHRASE**
彼らは以前も「指を振り下ろす合図で音を出す」という活動をしていた。一度経験したことはくどくど説明せず、機敏に思い出して反応した子を褒める形で再確認。かつての経験を活かした進行は、子どもにとっても小気味いいはず。

♥　「音を出さないで」という先生からの注意よりも、「自分の音で友達の音が消えてしまう！」ということの方が、子どもたちが音を気づかう動機になる。
　→Q6　p.81

♥　楽器を扱う時の注意は「壊さないこと」。「大切に」では人により解釈が異なるが、「壊れるかどうか」は客観的に判断しやすい。

その迫力と一体感だけで気持ちいい！

いろいろな鳴らし方に気づく

次は中くらいの音量で「ジャン、ジャン、ジャン」と3回。「ん？ 音がのびてる人がいる……」先生が見回すと、トライアングルを持ったヒナタちゃんが「こうやってる（から音はのびないはずだ）もん！」と首を振った。「『こうやってる』って？」そう投げかけられ、トライアングルを握りしめてたたいてみせる彼女。「だから音がのびないんだね！ そうやってたたいてもいいんだ！」このやりとりで、ミュートという要素が加わった。

のばす音にも挑戦。「先生が手を振ったらのばして〜〜〜」手のひらをかざす先生にカスタネットは連打、鈴は振って応酬する。「鈴の人はどうして振ったの？」と尋ねられ「長く音が出るように」とマヤちゃん。「たとえばトライアングルと比べると？」チーーンと長くのびるトライアングルと、シャン！と終わる鈴を比べ、「トライアングルの方が音がのびる」と口々に述べるみんな。「そうだね。マヤちゃんの鈴はのびないんだけど、のびないんだけど……」続きを求める先生のセリフを「のばすためにいっぱい振った！」と引き継ぐ。「ああ、マヤちゃんはそうやって考えたんだ！」先生は大きく頷いた。

活動 2　1人1音ずつ音を出してみよう

ルールに従うか、やっぱり自分の意志を通すか

「いい姿勢をしてごらん」畏まる先生にならう子どもたち。「1人1音ずつ、先生に届けて」次にやるのは、1人ずつ順番に手元の楽器を鳴らすことだ。「まずは、先生は何も言わない。でも2回目にはちょっと考えてもらいます」。元気いっぱいの立候補からスタートが決まると「チャンスは1人1回しかないからね」と真顔で話す先生に、音を出す方も聴く方も気を引きしめる。

「……ちょっと待って。ユウキさ、先生は1回って言ったのに、2回鳴らしたよね？」首を傾げる先生に「マオちゃんも！」とみんなが頷く。「面白いね！」先生はまず笑顔で受けてから、「そうやりたくなったのならいいけど、でも先生の今のルールでは基本は1回ね」と、子どもたちの考えを受け止めつつ確認する。「ユウキから、もう1回」先生にそう投げかけられると、彼らはここでは先生のルールに従うことを選んだようだ。

前の子がトライアングルをたたき終えても動かないアンジュくん……急かそうとして口を開きかけた先生が、ハッと目を見開いた。「アンジュ、面白っ！」先生の歓声に、息をつめていたみんながどっと沸く。「先生は『早くやってよー！』って言おうとしてた。だけど、アンジュはどんな気持ちでいたと思う？」先生がみんなに問いかけると、「カズナリくんの音がまだ残ってたから！」「そう！ 待ってたんだよね！」頷く先生と仲間たちに頬を緩

♪ 奏法を自由に試すのではなく「強い音」「弱い音」「短い音」「長い音」など様々なテーマを与えることで発想の引き出しが増える。

♪ 音がのびる楽器・のびない楽器があることを経験を通して知る。打楽器の特徴をつかむ際に重視するのは、長さ・高さ・音色の3点。これらの視点で楽器を分析するくせをつけておくと、やがて自分で楽器を選ぶ時の手がかりにもなる。

 Q11　p.86

KEY PHRASE
条件を外れることに対して、些細な場面でも肯定の言葉を。
Q9　p.84

打楽器で1人1音

めるアンジュくん。彼は前の子のトライアングルの余韻まで、注意深く見つめていたのだ！

彼はさらに、先生の想定外のことをしてくれた。カズナリくんがもう1度鳴らしたトライアングルの余韻がしっかり消えたところで……胸の高さから鈴を落とす。床に打ちつけられる音を伴って、シャンと鈴が鳴った。「アンジュ、壊すなよ！」「壊してないっ」叱責にも怯まないアンジュくん。そこに強い意志を見取り、先生は言葉を重ねた。「**でも先生、それは×にする。やるならもうちょっと優しくやれ**」彼はやはり自分のアイディアを通した。ただし今回は床上5cm程の高さから、手を添えて鈴を落とす。

続く子たちも自分なりの奏法を披露。タンブリンを床に置いてたたく子、トライアングルをミュートして鳴らす子、ビーター（ばち）でこすってみる子、楽器を指先ではじく子……「**置いてたたいたね**」「**止めた……**」「**こすったね！**」「**はじいたっ**」先生は短く実況し、彼らの仕草と意図を言語化する。

重なる音って素敵、自分もやってみよう

ライラちゃんの余韻に心地よく重なるタイミングで入れてきたユウトくん。しかも2回、絶妙に音楽的だ。「**……ライラからもう1回**」先生がそう促しても、やっぱりユウトくんのカスタネットは洒脱なニュアンスで2回。偶然ではなく、彼の小粋なセンスの成した表現だったのだ！「**ユウト、なんで2回たたいたの？**」先生が問うと、なぜか別の子が「トライアングルの音が終わるまで時間がかかるから」と答える。どっと笑いが起こるが「**本当にそう？ ライラの音が鳴っていたところに合わせたのかな？**」先生の問いかけに、ユウトくんははっきりと頷いた。ライラちゃんからもう1度。

今度は次のミノリちゃんも、その流れにのって音を重ねてきた。「**あっ今、ミノリも重ねたね。ナイス！**」。

順番が巡り、やがて最後の子の余韻が消え……「**……せーの**」無声音で囁き、腕を振り上げる先生にみんなが呼応し……「**ジャン！**」と全員の音が鳴り響いて1周目が終結した。

活動 3 自分がどんな音を出したいか考えよう

鳴らし方を「3つ」考える

2周目の前に……「**自分が持っている楽器を、左の人に回します**」。好きな楽器を持っていた子は「ええ〜っ」と不満げだが、思いがけず人気の楽器が回ってきた子は「イエーイ！」。悲喜こもごもの間を楽器は無情に回る。

「今度はひとまず、30秒ぐらい時間をあげます」と先生。「今みんなを見てて、面白いなと思ったのは鳴らし方。リサちゃんは、トライアングルを鳴らす時

♪ 余韻を待った子は先生の実践経験の中でも初めて！ でも彼がその考えに至ったのは、この前に「トライアングルの音はのびる」という話があったから。

♪ 落とすのはリスクが高いので、許せるかどうかはギリギリ。でも一度指摘されても同じアイディアを持ってきたのだから、彼はそうとう強い思いを持っていたのだ。どうしてもそれがやりたいというのなら「なぜそうしたいの？」と聞いてみてもいい。

KEY PHRASE
同じことをもう1度やらせることで、偶然なのか意図的なのかがわかる。

♪ 余韻を待ったアンジュくんからヒントを得て、ユウトくんはその逆の「余韻に重ねる」アイディアを生み出した。さらにミノリちゃんはそれに自分ものっかろうと思い立った。全員で考えを共有し、影響を与え合えるところが、グループではなく一斉に活動するよさ。

にどうしてた？」「こすってた」「だけど、ライラちゃんは音をのばした。みんな、演奏の仕方を考えていたんだよね。だからまず『自分はどういうふうに音を出そうかな』って、3つぐらい探してごらん」。やや首を傾げる子どもたちに、先生は鈴を掲げた。「先生なら……」鈴を持った手を拳でたたいて「こういう鳴らし方が1つあるなぁ」、鈴を振って「これもあるなぁ」……子どもたちと同じように、思案顔で鈴と向き合ってみせる。「こうやっていくつか鳴らし方を見つけて、その中から1つ選んで」。

納得した子どもたちだったが「あのっ」とリクくんが声を上げた。「自分がつくったのでもいいの？」「たとえば？」問い返す先生に彼はポケットからハンカチを出し、タンブリンにかぶせてたたく。それを見守った先生が「リクくんの言った意味、わかった？」と他の子たちに問いかけると、トモカちゃんが代弁。「こうやってハンカチをのせて……」「トモカ、よく見てたね！」先生は彼女の観察力をも褒め、「『あれいいな』って思ったらもちろんまねしていい。『いいなと思ったけど、自分は自分のやり方でいく』というならそれでもいい」改めてそう話してから、先生は子どもたちに時間を渡した。それぞれが試行錯誤する音が音楽室にあふれる。

質問はどんどんしていい

考えるうちに疑問が生まれた子たちに「先生先生！」と呼ばれ、個別指導をしていた先生だったが、やがて「先生から話します」と全員に呼びかけ、みんなが手を止めた。「今、3つ質問があったので伝えます。質問があれば、どんどん聞いてもらっていいんだ」。質問すること自体にウェルカムの姿勢を示してから具体的な内容に。「まず『3つ考えたうちの1つをやればいいの？』そのとおりだよ。今は『これは正解・これは間違い』って判断をするんじゃなくて、『自分はこれにしてみよう』という気持ちが大事なんだ」。それから「『1つの音の中に2つのたたき方を入れてもいいですか？』って。2つ入れたいと考えたのなら入れてごらん。だけど1時間もかかるのは困るけどね！」。

3つ目、エイトくんからの質問は「カスタネットを持つ時は、指をゴムに通さなきゃいけないか」。このクラスの子たちは未だ「カスタネットの正しい持ち方」を習っていないが、彼は幼稚園などで教わったのだろう。「指を通してたたくのも、通さないでたたくのも知ってるなら、その上で今はどちらにするか選べばいいよ」先生の解説に、同じ疑問を抱えていた子たちも安堵する。「リコーダーの持ち方は決まってるし、打楽器も『こう持たなきゃいけない』って時もあるかもしれない。でも今みたいに『この楽器でどんな音が出せるかな』と考える時には、いろんな持ち方やたたき方を試せばいい」。

1人の考えをみんなで共有する

質問することに対する遠慮が取り払われ、さらに質問が飛んできた。「小さい音でもいいの？」。それを聞き、先生は「今、その話をしてたんだよね！」と直前まで個別指導していた女の子と頷き合った。「実はね、マシロが『3つも思いつかないよ』って困ってたの。そこで先生があげたヒントはなんでしょう……マシロ、やってみて？」先生に目配せされ、マシロちゃんがカスタネットをたたいてみせる。まずスタン

打楽器で1人1音

ダードに「コン」と鳴らすのが、彼女の1つ目のたたき方。もう1つは……彼女がやってみせると、みんな「ああ！」と何かを発見した。「何を変えてた？」「音の大きさ！」とアッくん。「ホントに？ 絶対？」先生に念を押され、「うん！」と胸を張る。「じゃあ、自分の楽器でマシロちゃんと同じようにやってみて」そう促され、fとpを使い分けて自分のトライアングルを鳴らしてみせた。「マシロちゃん、これで合ってる？」先生の確認に頷くマシロちゃん。「そう、音の大きさを変えるだけでもいいよね。ナイス！」先生の短くも力強い褒め言葉が、シンプルでも音楽的な〈強弱〉という要素を価値づける。

1音でも「発表」

「では、発表まで15秒前」先生は改まり、「1周した後に『君はどうしてそのたたき方を選んだの？』って聞くかもしれないよ」と予告する。スタートの子と進行方向を決め「いいかげんにやるのは絶対やめてね。たった1音……早ければ1秒で終わっちゃう。でも、これも大事な発表だからね。先生、よく見てるから」。その言葉にみんなが真顔で頷き「1音の発表」が始まった。

自分の出す音に神経を集中し、友達の表現を注意深く見つめる清冽な空気の中で1人ひとりの音が響く。ビーターを逆さにしてトライアングルを鳴らした子、隣の子に自分の楽器を鳴らさせた子、友達のまねをした子……。ミノリちゃんは自分のカスタネットが小さく鳴った後「あっダメっ」と口走った。真剣だからこその悔しそうな表情を見取った先生に「何か考えていたのがあったんだよね。いいよ、もう1回やってみ」とチャンスを与えられ、勇ましくカスタネットを打ち直す。彼女が本当にやりたかったのはこっちだったのだ！「ミノリがやりたかったこと、先生に伝わった！」先生の歓声に彼女の顔がほころぶ。最後は全員の「ジャン！」で、発表会を締めくくった。

活動 4 どういう考えで音を出したか振り返ろう

思考のアプローチはいろいろあっていい

「じゃあさっき言ったように、どうしてそのたたき方を選んだのかを教えて？」そう投げかけられ、みんな胸を張って自分の考えを述べる。ハンカチをタンブリンにかぶせたリクくんは「マジック風にしようかなって」。カレンちゃんは「英語（メーカーのロゴ）のところをたたくと、きれいな音が出るから」と打つ場所に言及。アッくんはトライアングルのビーターを引っくり返した理由を「銀色のところでたたくのと、黒のところでたたくのを味わってほしい」と語った。「味わってほしい……音をちゃんと聴いてほしい、ってことだね」少し難しい言葉にこめられた思いを、先生は噛み砕いて広める。

「『ガチッ』ていう音が出したかった」「他の人と同じにならないように」「風みたいな勢いで」……先生はすべてに頷いてから、「みんなのお話を聞いていると、『たたき方をどうしようかな』って考える人や、『こんな音を出したい』って考える人、『マジックみたいにするには、楽器をどうすればいいかな』ってイメージから考えた人もいたよね……」と様々な思考の切り口を分類する。「自分は、友達は、こんなふうに考えてあんな音を出したんだ」……音そのものだけではなくその思考の過程にこそ、学びと発見、喜びが満ちている。

KEY PHRASE

こう問うと、子どもたちは自分の考えを再確認したり、「だって〜だから！」と理由を表明してくれたりする。

♪ 楽器が違っても〈強弱〉の要素は同じ。しかもそれを子ども同士のやりとりで確認。知識は先生から伝えるよりも、子どもの気づきから広めてあげたい。

♥ 小規模でも発表の場を設けて「発表」のくせをつけておく。この場を「発表」と称したのには「1音だけでも自分の表現にきちんと責任を持ってほしい」という意味がこめられている。一方、1回目（活動2）は「試す」段階だったので「発表」とは言っていない。

Q16 p.91

F I L E 2 手拍子の音楽づくり
絞られた「条件」が引き出すクリエイティビティ

Keywords

手拍子
まねっこ
即 興
構 成
奏 法

共通事項

リズム
音色
反復
問いと答え

対象 低学年
かかる時間 25分程度×2コマ
用意するもの 黒板（第2時）
この活動をするために必要なスキル
●4拍分のリズムが手拍子でまねできる
●手拍子で1小節のリズムを即興できる

■授業の手順

第1時

活動 1 先生のまねをして手拍子を打とう

●クラス全員で1重の円をつくる。
●先生は4拍分のリズムを手拍子で提示し、子どもたちはそれをまねする（まねっこ）。「先生→子どもたち」のまねっこを何度か繰り返し、流れをつかむ。

活動 2 友達のまねをして手拍子を打とう

●活動1での先生の役を、子どもたちで順番に回し、「子ども→子どもたち」でまねっこをする。

活動 3 何を考えて手拍子を打ったのかを思い返そう

●活動2で手拍子を打つ時に考えていたことを発表し、話し合う。
●考えたことをもとに、再度「子ども→子どもたち」のまねっこをする。
●手拍子に加え、使える音に「ひざ打ち」を追加する。
●音を出す時に考えていたことを整理し、分類する。

第2時

活動 4 2人で手拍子をまねし合おう

●「まねする側・される側」を交代しながら、ペアで手拍子をまねし合う。

活動 5 2人で手拍子を重ねよう ※オプション（省略可）

●ペアになり、互いのリズムが重なり合う面白さを味わいながら、手拍子の音楽をつくる。

授業づくりの 意 図

FILE 1 （●p.16）で打楽器の音色を知った子どもたちですが、〈リズム〉という要素に向き合うため、いったん素材を手拍子のみに絞ります。極限まで条件を絞ることで思考が焦点化され、子どもの発想が活きます。それから「楽器がなくても自分の身1つで音楽がつくれる・表現できる」という経験と自信や、「音楽づくりの学習ではどんなことをどうやって考えるのか」……いわば「音楽づくりの学び方」も、この題材で教えたいことです。

22 第1章 音楽づくりの授業リポート

授業リポート 1年生

FILE 2 手拍子の音楽づくり

第1時　本活動：20分

活動 1　先生のまねをして手拍子を打とう

冒頭はいつもの『かもつれっしゃ〜なべなべ〜1人ずつ座るゲーム』 ▶p.12 。それらが一段落すると子どもたちはちょうど円になった状態なので、そのまま本活動へ。「今の場所とお隣のお友達を覚えておいてね。この場所に自分の椅子を持っておいで」その呼びかけで1分も経たずにきれいな円ができ上がり、着席した子どもたちの間に先生も入る。

先生のまねができるかな？

「リズムで先生のまね。いくよ」これだけの指示で、間髪入れず手拍子を打ち始める先生。

リズムだけでなく、手の形や音色まであらゆる要素をまねる子どもたちに、先生は指先だけの手拍子で ♩♩♩♩‖ 。秘密めいた仕草に「うふふ」と笑いがもれるが、それを経た上で「今日は、みんなに聴こえる音で」とルールが付け足され、スタンダードな手拍子に戻る。

活動 2　友達のまねをして手拍子を打とう

先生役を子どもたちに引き継ぐ

先生のリズムを子どもたちがまねる「まねっこ」がテンポよく続く。リズム打ちをしながら「このあと1人ずつ行くよ」「トシキ（先生の左隣）からね」と付け加える先生、そして流れを止めず「トシキ、どうぞ」と子どもへスムーズに引き継いだ。止まらずに回り続ける大縄のように、流れができているからこそ入りやすい。

ところが……その次のリクくんは、やにわに「質問していいですか！」。音楽の流れをぶった切る発言にみんな爆笑。「手の他にも、歯とか使っていいんですか？」という彼の質問に先生が「今日はまず手限定ね」と短く応えると、彼はさっと気持ちを切り替え、♩𝄽♩𝄽‖と第2案を提示してみせた。

次のユウキくんのリズムは、みんな知っている彼の十八番。それは……

（ユウキ 4/4 𝄽 𝄽 𝄽 𝄽 ‖）

「やっぱり！」彼の休符へのこだわりを、みんなで楽しみながら分かち合う。

♥ 全員が理解するまで説明しなくて大丈夫。わかっていない子がいても、理解した子が先生のまねをして手拍子を打てば、それにならって要領を得られる。何度かやりとりを繰り返すうちに、「リズムが変わるんだな」「4拍ずつなんだな」と細かいルールも読めてくる。

♪ 「聴こえること」を条件としたのは、手振りや顔芸など、音楽的な根拠のない表現を除外するため。聴こえるか聴こえないかの微かな音を愛でる経験も必要だが、この場のねらいがぼけないように。

♪ 流れができていたからこそ「途切れる」という逆説的な面白さが生まれた。それに、彼なりに音楽の流れを尊んだからこそ、自分以外のところで途切れさせることに遠慮があったのだ。それは音楽的にも場を読むという意味でも素敵な心づかい。　▶Q6 p.81

♪ 彼はきちんと拍を感じ、こだわりをもって表現している。とはいえこのまま停滞しては世界が広がらない。彼の世界を先生が進化させる過程は　▶p.26　で。

引き続き1人ずつの即興が続く。

様々な観点からの表現が出るが、まずは多様なアイディアと、みんなでそれをまねすることを楽しむ。不安そうな子には先生の「いい音だ」「ちゃんと届いてるよ！」という短い励ましが寄り添う。

活動 ❸ 何を考えて手拍子を打ったのかを思い返そう

手拍子1つでもいろいろな鳴らし方がある！

「みんな、たたく時に何か考えてた？」1周を終えたところで問いかけた先生。アッくんは手のひらと甲を使った意図を「両方でたたいた方が、なんかいいかなーって」と自分の言葉で説明。「たたく位置のことだね。アッくん、もう1回やって」先生のリクエストで彼がやってみせると、先程の彼の表現を見逃してしまった子たちも「ああ、こういうことか」と合点がいく。ある子は自分の手のひらと甲を何度か打ち比べた。先生はそれに目を留め「自分でも試してみたんだ。そういうのも大事だね！」と微笑む。

> 彼女は自分の表現が相手にどう捉えられるかを判断し、伝わりやすい方法を模索した。これは日常での「相手に伝わりやすい言葉を選ぶ」というスキルにもつながる！

ミオリちゃんは「ウンの時の伝え方。ウンウンってやるとわかりやすいから」と握りこぶしを上下して説明する。「どうやったらいい音が出るかを考えてた」と言うのはマオちゃん。先生に促され、改めて手拍子を打ってみせると、彼女は重ねた手のひらに角度をつけていた。「マオちゃんの手、こうなってた！手のひら同士がゴンってなるように」と別の子が気づく。みんなが彼女をまねして手拍子を試し、「いい音！」と感心した。

「もう1周するから、別のリズムをつくってみて。さっきは休符を使ったから、今度は違うことをしてみようとか……」そう先生が指示する合間、「人のまねはいいの？」と呟いたある女の子。「ばっちりオッケー！」先生は手放しで肯定し、みんなに話を広げる。「まねをする時ってさ、まねされたお友達は『あれいいな』って思われたってことだし、まねをした人はよく聴いてたってことだよ。そうしないとまねはできないんだから！」彼女もみんなも頷き、「まねをする・される」ことの価値を確かめ合う。

(→ Q17 p.92)

偶然生まれた素敵な音色と学び

2周目がスタートしたが、「あっ」と焦ったココロちゃん。セーターの袖が手のひらにかかり、「ぽふっ」というくぐもった音に……しかし先生は「ふふ！ ソフトな音。もう1回やって」と微笑む。そう言われて思い直した彼女は、袖をかぶせた音と外した音を組み合わせたリズムをつくってみせた。

> おそらく意図したことではなかったのだろう。でも、先生がそこに音楽的価値を見出し、ミスが素敵な話題の的になった。

「ココロちゃんの面白い」「でもセーター着てないとできないし！」みんなの笑い声が上がる。そこで先生がふと思い立ち、子どもたちに差し出したのは2種類のマレットだ。「これがみんなの手や服だとしたら……」まずはゴムのマレットで鉄琴を鳴らす。「素手でたたいたみたいな感じだ。で、ココロちゃんのセーターみたいなのは……」毛糸巻きのマレットで同じ音を鳴ら

> もちろん、これは計画になかった一場面。
> (→ Q4 p.79)

してみせる先生。「ああ！」「黒いのは硬いけど、毛糸のは柔らかい！」感嘆が上がり、マレットを持って回る先生に子どもたちは大騒ぎ。「テニスボールみたい」「石みたい！」「わらみたいなのが巻いてある」「先生、僕もさわる！」音色のこと、素材のこと、それらを使い分ける面白さ……いくつもの学びが、興奮の中にある。

マレットの触感にみんなが納得したら、手拍子のリズム表現を再開。「手のひらをすり合わせる音」というアイディアも出てきた。

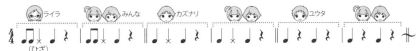

> 即興の時の子どもたちは、膨大な刺激と選択の渦の中にいる。だから迷いも生じる。
> ●Q18 p.93

きちんと拍どおりのタイミングで入ったミノリちゃん。でも、表情に走ったわずかな焦りを先生は見逃さなかった。「今、一瞬迷いがあったね。だけど、そういうのもいいんだ」包み込むような口調に、彼女は「でも、できた」と重ねる。「うん。できた」彼女の迷いとそれを乗り切るための頑張り、それを果たした底力を、先生はわずかなやりとりで保証する。

お待ちかねの「ひざ」の追加！

3周目を終え「1周目はいいかげんにやってる人もいたけど、今はいないね。どうやってたたこうかなって、みんなちゃんと考えてる。……今度はひざも入れよう！」と先生、待ちかねた条件の追加に歓声が上がった。一方で新しいことを取り入れるなら質問も生まれる。「足の裏（で床を鳴らすの）は？」「それはなし。ひざと手だけです」。そして「ひざを使わないで、手だけでもいいですか？」……先生はその質問に「当たり前じゃん！」と力強く応えた。「ひざを増やしたけど、オレは手だけ・ひざだけ使うって考えてもいい！」。先生とのまねっこでひざを入れたパターンを何度か練習してから、4周目へ。

> ♪ 使える音・素材が増えても、それを全部使わなくてはいけないわけではない。「自分はひざより手拍子だけの方が好き」でもいいし、今回は手拍子だけの子も、次回はひざも使うかもしれない。

手のひらをこする音、ひざに手を滑らせる音を使う子もいた。全員が終わったところで、先生はこの1時間を振り返る話をする。「みんなの中には『どこをたたこうかな』って考えてる人もいるし、『どんな音を出そうかな』『どんなリズムにしようかな』って人、『お友達のまねをしようかな』って考えてる人もいる。音楽の授業には、決まった曲を歌ったり演奏したりする時もあるけど、今は自分で自分の出す音を考えた。もちろん、もう世の中には同じようなものがあるのかもしれない。だけど、今のも『自分で考えた音楽だ』って思っていいんだ！」。

> ♡ 手拍子1小節でも、自分がつくった作品。どこにでもあるものかもしれないが、この子たちにとっては、初めて挑戦して初めて表現したもの。その価値に自信をもってほしい。

第2時　本活動：30分

前時の活動を整理しながら思い出そう

今日はホワイトボードを囲んだ話し合いから。「1人ずつ手をたたいた時、どんなことを考えてたっけ？」先生の問いに子どもたちは宙をにらむ。

> ♡ 前時の内容の整理から授業開始。
> ●Q2 p.77

25

アッくんが思い出したのは「こうやって（手の甲を）たたく、ってこと」。彼の思考を、先生は一般化して言い換える。「『たたき方』だな。『投げ方』とか『走り方』とかと同じように『演奏の仕方』があるんだ」。リクくんは「音の美しさ」と呟く。「たとえば？」「きれいな音を出せるように、って」……彼は手拍子1つにも音の良し悪しがあることを知り、質を求めていた。「音の美しさ！ 音色っていったりするけど、リクの言葉で書いておこう」先生が彼の生の言葉を板書すると、リクくんもみんなも嬉しそうに頷く。

マシロちゃんは「音の大きさ」と発言。そういえば前時、強弱を生かして面白い表現をした子がいた。「リサだっけ？ やってみて」先生に話を振られ、彼女が自分の表現を披露する。

さらに先生は確認のため「誰か、リサちゃんのまねしてみて」と呼びかける。指名されたのは反対側にいたトモカちゃん。

「リズムは変わってたけど、音の大きさは一緒だね！」彼女がリズムではなく強弱に着目してまねていたことが、いっそう浮き彫りになった。

「人のまねをしてみる」と考えたのはミオリちゃん。一方、いつも4拍を休符で埋めたがるユウキくんは、その意図を「簡単にしたいから」と説明した。「ユウキはそう考えたんだな。じゃあ、そうやってつくったリズムをやってみて。でももう『あれ』は卒業してな。『あれ』の意味はわかってると思うけど……」含みのある先生の言葉に、ユウキくんが応えてみせる。

確かに、いつもの休符と別の意味で簡単なリズム！「どうしてこれが簡単なんだろう？」その問いに別の子が応じた。「同じのが続くから！」「そうだね！ 同じリズムが続いているから簡単に思えるんだね」と先生はまとめ、ユウキくんの視点を「リズム」と集約して板書した。

考える観点にもパターンがある

1	たたきかた
2	音のうつくしさ（音色）
3	音の大きさ
4	おともだちのまね
5	リズム

5パターンの思考の切り口が挙がったところで、第1時と同じ1人4拍の即興表現に向かう。それに先立ち「考える目安が5つ出てきたから、自分は何を考えて表現するか、10秒で考えてみて」と先生。「え～、何にしよう」子どもたちは手拍子を試しながら思案する。

「ね、質問なんだけど」と声を上げたのは先生だった。「たとえば先生には『これがやりたい』って考えてるものがある。だけど前の人が先生と同じように考えてた、先生がやろうとしてたのと一緒になっちゃった……そこで急に変えるのはあり？」「あり！」大きく頷く子どもたち。「おう、ありだよね。前の人と同じのをそのままやってもいいし、その場で急に変えてもいいよね」このやりとりで、同じ不安を抱えていたらしい子たちの顔がほころんでいく。

アンジュくんとセイシュウくんはまったく違うアプローチで質問。「重ねるっていうのは？ つまりね、前の人がやってる間に次の人がやるの」予想

外の質問に、先生も絶句。「たとえば……やってみて？」

> 手を上げる動作で、目に見えない音と思考を可視化し、さらに図形化して共有。
> 　Q8　p.83

「ああ！　これは面白いね」先生と何名かは歓声を上げたが、意味がつかみきれない子も少なくない。そこで「重なったと思ったら手を上げてごらん。ほんの一瞬だぞ！」と先生。アンジュくんとセイシュウくんがもう1度やってみせると、聴き耳を鋭く立てみんなが3拍目でバッと手を上げる。それを見て全員が「重ねる」ということの意味を理解した。さらにホワイトボードにも図示した先生は……「でも1つ、整理したいことがある。『必ず一緒に鳴っていなくても、重なりと言える』ということ。たとえば……」セイシュウくんに手伝ってもらい、先生が示したのはこんなパターン。

> ♪ ここで「音の重なり」の意味を押さえたことが、この後の活動でより広い発想を得るための布石になった。

「一緒に鳴っている時とそうじゃない時がある。でも、これも重なりなんだよ。なぜなら一緒に流れているから」そう言い聞かせたところで、先生は話を元に戻す。「アンジュのアイディアは、実は10分後にやることにつながってるので、今はとっておきます」「がーん！」悲しげなアンジュくんだが、彼はこのセリフをしっかり心に刻みつけていた……その顛末はもう少し後に。

みんなの疑問が解消し、第1時と同じ即興表現を1周。すっかり要領を得ている子どもたちからは、それぞれ考えが巡らされた表現が出てくる。「お友達がやった表現から、面白いの見つけられた？」先生が問うと、子どもたちはまるで我がことのように報告。「エイトくんとカワベくんが、2人で音を鳴らしてた」エイトくんは自分の腕ではなく、カワベくんの腕をたたいて鳴らしたのだ。「セイシュウくんの、口を開けながら手をたたくの、面白かった」ユーモラスなポーズと音は子どもたちの興味を惹くが、先生はそれを音楽的に整理する。「口を開けながらたたくことで、さっき書いた1から5の中の何が変わったのかな？」「音が変わったんだから2」「たたき方だから1？」。

活動 4　2人で手拍子をまねし合おう

ペアで即興リズム問答

次は2人組で「まねし合う」活動へ。2人が向き合って座り、相手の即興をまねする。「手拍子で問いかけたり、答えたりして、2人でお話しします。1人がやったことを、もう1人がまねっこするよ。途中で『もうまねしたくないな、今度は相手に自分のまねをしてほしいな』と思ったら、まねをやめて自分から新しいものをつくって問いかけて」。まずは先生に指名されたアオイくんとカノちゃんが挑戦。「アオイくん、どうぞ」先生の合図で、手拍子のやりとりが始まる。ところが……。

　2ターン目で固まってしまったアオイくん。窮して首を傾げると、カノちゃんも首を傾げた。先生はその状況を「**今、アオイは考えてるんだな**」と静観。するとアオイくん、数秒の間があってから動き出した。

> 先生はすぐに手を差し伸べず、まずは様子を見た。
> → Q18 p.93

　流れができ始めると、アイディアも次から次へ湧いてくる。黙して待っていた先生も「お、浮かんできたよ……!」と頬を緩めた。すっかり流れが淀まなくなったところでカノちゃんが仕掛け、まねする側とまねされる側が交代した。
　2人のやりとりが止まると、息をつめて見守っていたみんなは盛大な拍手。「カノちゃんが違うリズムをたたき始めたことで、今度はカノちゃんがスタートになったんだな」先生が解説しつつルールの確認をし、みんなが了解したところで次の挑戦者を募る。

なんとかして終わりにして！

　リズムを考えるのが得意なアッキーとトモカちゃんのペアは、とてもスムーズに進む。

> 彼らの先・後の交代がなぜスムーズだったかというと、「まねする側」が「まねされる側」になりたい時、音にアクセントをつけたり目配せしたりして意思表示していたから！　言葉なき音楽のコミュニケーションがまさにここにある。

　まねする側・まねされる側が入れ替わるたびに手を上げて示す先生、それに追従する子どもたち。その素早く正確な判断に、「**みんなよく聴いてるねえ！**」と先生も舌を巻いた。流れるようにやりとりが続くこのペアの課題は……「**先生は『終わり』って言わないから、どうにかして 2 人で終わりにして**」。しかし一向にきっかけがなく、延々とやりとりを繰り返す2人。「どっちかがやめればいいのに」「トモカがウンウンウンウンってやれば」と、周りの子たちの呟きが聞こえる。やがてトモカちゃんが 𝄽 𝄽 𝄽 𝄽 ‖ を選ぶと、アッキーがそれをまねる形で沈黙を引き継ぎ、音楽にピリオドが打たれた。誰もが納得できる終わり方に、みんなが大きな拍手をおくる。

> 途中がどんなに混沌としても、終わりをつくることによって音楽がまとまる。
> → Q10 p.85

活動 5　2人で手拍子を重ねよう

約束の 10 分が経ったよ！

　「じゃあ、今のをさ……」説明を始めた先生に「せ〜んせ〜！　10分経ってますよ〜！」と異議を申し立てるのはアンジュくんとセイシュウくんだ。話中に口を挟む2人をたしなめかけたものの「それはそうだな」と思い直した先生、「**ではでは、さっき 2 人が考えてくれたように、音を重ねるのをやってみよう**」とみんなに呼びかける。「やるやる！」2人はやる気もまんまんだ。
　「ちょっとやってみるぞ。先生が4小節のリズムを打つから、それに重ねて」

> 元々の指導計画にはなかった活動なのだが、アンジュくんたちの発案と意欲を受け、急遽取り入れることに。
> → Q4 p.79

まずは先生とアンジュくんで、完成形のイメージをみんなに提示する。

> 具体的な完成形のイメージを共有することが、子どもたちが迷わず動き出せるための秘訣。長々と説明せず「自分もやってみたい！」というモチベーションが高まったタイミングで、パッと解放する。
> →Q9 p.84

「イエーイ！」一番近くで見ていたセイシュウくんが歓声を上げ、みんなが拍手。前のめりになって2人のやりとりを見ていたみんなは、自分たちもやりたくてうずうずしているよう。そこで先生は細かい説明をせず「誰でもいいから2人組になって、リズムを重ねてみな。どうぞ！」と子どもたちを放した。イメージをつかんだ子どもたちに迷いはなく、近くの子とさっそくペアをつくり、手拍子を重ねてみる。アンジュくんとセイシュウくんは手拍子を打ちながら「無限に続く♪　無限に続く♪」と鼻歌を歌っているが……。

1分半で音楽づくり、残り4分で発表

ペアでの活動にかける時間はわずか1分半。ユウトくんと先生のペアが「できた！」と声を上げた時には、他のペアもほぼでき上がっていたようだ。

> 2人なら話がまとまるのも早く、すぐ音にして試せる。
> →Q12 p.87

授業時間残り4分で作品発表。「まずはユウトと先生のを聴いてください。ルールは4小節で、重ねること……だよね。でも、この音楽は何度やっても変わらないものじゃなくて、その場でいっぱい変わるんだ」変わらないルールの上で自在に変化する即興表現、その捉え方・楽しみ方を1年生にも説く。

次のペアを先生が募ると、「はい！」「はい！」とたくさんの立候補。「ちゃんと聴いてる人を次に指します」という言葉で居住まいを正す子どもたち。

美しく決まった演奏に「おお〜！」とみんな。「2人のリズムは統一感があるね。なんか、一定の決まりがありそうだ」先生が分析すると、2人は顔を見合わせて笑う。どうしても発表させてほしいと熱烈アピールするのは、やっぱりアンジュくんとセイシュウくんだ。

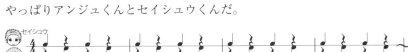

> ♪ 彼らが「無限に続く♪」と歌っていたのは、このことだったのか！
> →Q10 p.85

パターンを読んだ子たちが「ぎったんばったん……」と声を上げ始めた。先生もそれにノリを合わせつつ「どっかで終わりにしろよ？」と釘をさす。それを聞いたアンジュくんの突然のブレイクで音楽が終了。「うふふ！」それはそれでみんなの笑いを誘ったが、満足げな彼らにこそ先生は次のステップへの道を示す。「一応、先生だからアドバイスするね。ずっと同じだと飽きるから、最後は違うのが欲しいな！」。

ほか、数組が発表したところで授業時間が終了。ペアでつくった4小節の手拍子の音楽……かけた時間はわずか10分程度だが、そこには「音の重なり」そして「終わり」という、確固たる音楽の構成があった。

FILE 3

1音アドリブ
ごくシンプルなことからステップを踏んでいこう

Keywords

リコーダー
即興
1小節

共通事項

リズム
旋律

対象 中学年
かかる時間 30分程度×2コマ
用意するもの リコーダー、黒板、バスウッドドラムなど拍打ち用の打楽器
この活動をするために必要なスキル
● リコーダーでソ・ラ・シの音が出せる
● 1小節のリズムを即興できる

■授業の手順

第1時

活動 1 活動の隊形をつくり、使う技能を確認しよう

● クラス全員で1重の円をつくる。
● 「1小節」「4拍」の長さを確認する。
● リコーダーでソの音を復習する。

活動 2 「ソの音だけで」「1人4拍ずつ」表現してみよう

● ソの音だけで1人1小節の即興表現をする。
● その中で生まれるリズムの変化に着目して話し合う。

活動 3 1音だけで4小節をつなげてみよう

● 活動2で考えた1人1小節の即興表現を4人でつなげる。
● 1度試した後で話し合い、「つながり」「まとまり」ができるように考える。

第2時

活動 4 使える音を足してみよう

● 使える音にラとシを足し、再度1人1小節の即興表現をする。
● 子どもたちの間に偶然にできた「つながり」「まとまり」を発見して話し合う。

活動 5 2小節にのばしてみよう

● 2小節の即興への挑戦を踏まえ、1小節の表現を2小節にのばす方法を考える。

授業づくりの 意 図

ソの1音だけの、実にシンプルな即興表現で〈リズムの変化〉の価値を知り、さらにそこへ新しい音が加わることで〈音高〉〈旋律〉という概念が劇的に生まれます。リコーダーを使いますが、器楽の時間とはまた異なる、音楽づくりならではの技能指導を。また、即興表現に比較的慣れていない子どもたちへの授業づくりのポイントも紹介します。みんなが新しい活動へ前向きに取り組み、安心して表現できるよう、様々な配慮をしています。

30　第1章　音楽づくりの授業リポート

授業リポート 3年生

FILE 3　1音アドリブ

第1時　本活動：30分

活動 1　活動の隊形をつくり、使う技能を確認しよう

「アドリブ」ってテレビでよく聞くよね

「みんなはさ、いつも楽譜を見てリコーダーを吹くよね」「？　うん」「じゃあ、楽譜がなかったら？」そう投げかけられ、顔を見合わせた子どもたち。「……アドリブ？」ある子が呟いたキーワードに先生は頷いた。「アドリブって、音楽以外でも聞くよね」「バラエティ番組で言ってた！」テレビなどを通して「アドリブ」という言葉は知っている子どもたちは、日常と重ねてイメージをつかむ。「ジョニー先生も『セリフを忘れたらアドリブでね』って言ってたよ」クラスの劇を思い浮かべ、担任の先生の指導を思い出した子も。先生はホワイトボードに「アドリブ」と書き、「今日は、こっちの世界でみんなに表現してもらいます」と宣言した。「使う音は、ソの1音だけです」。

新しいことに挑戦する彼らにまず与えられた課題は「自分たちの力で円になれる？」というもの。「男の子と女の子が隣同士になるようにね。みんなはできる？」「できる！」胸を張って請け合う子どもたち。「男子、誰か来て！」「早くー！」声をかけ合いながら仕上がった円を見渡し、先生は「なかなかの出来じゃないですか」と満足げに頷いた。

「1小節」「ソの音」を確認しよう

前回の授業で「ソの音を1人4拍ずつのばす」という活動をした子どもたち。「その時の1人分の長さは覚えてる？」「1！」自信満々に答える誰かに「え、4拍だよ」と誰かが訂正する。「4拍分だったね。4分の4拍子で1小節だ」と先生、1という数字だけ覚えていた子たちも「それ！」と頷いた。

口頭で確認したら、実際に長さをチェック。バスウッドドラムで拍打ちを始め、「スタートって言うから、1小節が終わったところで『ストップ』って言うんだぞ」と先生。「前もやったんだから、完璧にお願いしますよ！」そう念押しされ、みんなは拍を確実につかむべく首やひざで拍をとり始める。

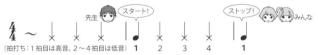
（拍打ち：1拍目は高音、2～4拍目は低音）

息を呑んで4拍を数え、5拍目と同時に「ストップ！」。先生にも「おっ！」と言わせて得意顔だが、さらに「前に間違えた時はどうしてたっけ？　わざと間違えてみて」と要請する先生。「間違えた時の例」として4拍目で「ストップ！」と叫んだ子どもたちに、先生は「この2つの違いは？」と尋ねた。

ハラダさんは「最初は4拍目でストップって言っちゃったけど、合ってる方は、次のところ（小節）に移ってからストップって言う」。アッシーは「4拍目にも次があるから」と説明してくれた。その後、改めて正しいやり方で。正確に合った「ストップ！」の声には、確固とした根拠と自信が満ちる。

次もごくシンプルな活動、今日使うソの音を出してみること。本校では1年からリコーダーに取り組むので、3年生の彼らには朝飯前。でも「息が強くなりすぎないように……」この機会に1音だけを長くのばしてみることで、

♥ できるだけ音楽科以外につながる言葉、日常生活に即した言葉を選ぶ。子どもたちには「即興」よりも「アドリブ」の方がピンとくるはず。
→ Q10　p.85

♥ このクラスは、円の隊形でのアドリブ回しは初めて。だからこそ、隊形移動も丁寧に。音楽づくりといえど、活動は「きちんと隊形がつくれるか」から始まっている。疎かにすればその後の活動がすべてままならなくなる。

KEY PHRASE

「わざと間違えてみる」作業は意外と大事。ミスなくできた時は試行錯誤がなく、実は考える機会が少ない。「間違えずできてよかったね」に留まらず、違う視点をもつのも必要。

♪ 拍の数え方は大人も間違いやすい。4拍目で「ストップ」と言いがちだが、♩♩♩♩などのリズムで「4拍目の裏」の存在を考えよう。

♪ 音楽づくりでも、演奏技能を指導する機会を逃さない。
→ Q11　p.86

> Q1 p.76

改めて基礎を確認できる。「1人4拍」「使うのはソ」という条件を丁寧に確認し、全員が不安なく表現に向かえるようになったところでいよいよ本題へ。

活動 2 「ソの音だけで」「1人4拍ずつ」表現してみよう

「僕が最初！」「スタートは僕がやる！」と賑やかな子どもたち。だがそれに紛れて先生に耳打ちをする子が……。「最初から（3拍目まで）吹かないで吹かないで吹かないで、最後にソー、でもいいの？」。「……面白いこと言うね」先生はニヤリと笑い、あえてみんなに呼びかけた。「今、オガワちゃんが自分の考えたことを尋ねてくれたんだけど、みんなには言えない。オガワちゃん、それ実際にやってごらん」秘密を共有する先生と彼に、周りの子たちが「聞いちゃった！」「まねしてやろう」と息巻く。

一方で、他の子も「オレこれ考えたんだけど」と手の内を語ろうとする。先生はそれは留めさせ「まず1周行くね」と強引に拍打ちを始めた。

♥ 「考えたことはどんどんやってみていい」という雰囲気は大事。「指示待ちではなく、自分で考える」ことの価値を実感する。
> Q5 p.80

♥ あえて発言を遮ったのは、考えを先に言葉で語ってしまうとつまらないし、他の子たちもそれに縛られてしまうおそれもあるから。音で表現した後で「一体どういうことを考えているのかな」と探る方が面白い。

1周目は「とりあえずやってみよう」

先生が打つ拍にのり、最初の数名はソの1音で4拍を埋めてみせる。「完璧！」「しっかり指押さえてるね」と彼らの表現を讃える先生。ところが次のサトウさんの表現に、どよめきが起こった。

「えっ」「あっ」ざわつく子どもたちに「（1つ前の）ツジくんと、サトウさんの違いはなんでしょう」と先生。ツジくんにも再度演奏してもらって聴き比べると、「2人とも4拍だけど、ツジくんは『ソーーー』ってずーっと」とササキさんが説明してくれた。先生は頷き、ホワイトボードに図で示す。

♪ 音を図にすることで「視覚的に考える」という思考の切り口を得た。
> Q8 p.83

ツジくんの音を表すのは1本の直線。ならサトウさんは……「途中で『てんてんてん』になる」子どもたちの言葉どおりに板書してみせる先生。さらに「サトウさんのを、みんなでまねしてみない？」。彼女が と吹くのに従って、みんなも 。彼女の表現の新しさ、その奥にある思考を、言葉・図・音でみんなで辿った。

🔑 KEY PHRASE
「リズムを考えよう」とは指示していない。だが子どもたちは対話を通してその面白さに気づき、自ら試し始めた！
> Q9 p.84

リズムを考えるのが楽しくなってきちゃった！

次のフジタくんは 🎵、先生は「フジタくんも変えたの！」と歓声を上げる。2人が流れをつくってくれたおかげで、「リズムを変える」ということがすっかり浸透し、後に続く子たちも 🎵 ……「みんな変えるんだ！」目を丸くして感心する先生に、いっそうやりがいを感じる子どもたち。

一方、流れに逆らうように音をのばしたモリタくん。「お、戻した？」と先生はそれも讃える。しかし彼は 🎵 と3拍で切って4拍目を休符にした。「短くしたんだね！」と先生、わずかな差の価値も尊ぶ。

♪ 4拍のばすのを3拍で切るだけでも立派な変化（同時に休符の価値も再確認できる）。リズムの工夫が子どもたちから出ない場合は、こんな偶然の変化を取り上げることもきっかけになる。

♪ 先生は「休符を取り入れたリズムが出たら取り上げよう」と待ち構えていた。
> Q14 p.89

意図的に「それ」を使ったのはクマちゃんの 🎵。先生はそれをすぐ取り上げ、「クマちゃんのも変わってるね？」と投げかけた。「まず音が出て、ウン

が入って、また音が出て、またウンが来た！」と子どもたち、先生は「『ウン』を入れたんだな！」と語気を強め、休符の価値を知らしめる。さらに「ウンの時に、みんなで『ウン』って言ってあげて」。クマちゃんのリコーダーと一緒に「ソ」「ウン！」「ソ」「ウン！」と声を合わせると、意識はもっと休符に向く。

「ウン」の使い方もいろいろ！

それをさらに応用したユリコちゃんは♪♪♪♪♪。先と同様「ウンウン！」とみんなで休符を唱えると、クマちゃんとの違いもいっそう実感できる。

そして先生に耳打ちしていたオガワちゃん。♪♪♪♪♪その休符の使い方にみんなが沸いた。「吹く気ないのかと思った！」先生はスネてみせつつ、「でも、君はさっきからそれを考えてたんだよね」とオガワちゃんと頷き合う。

彼が出してくれた「頭を休符にする」というアイディアで、さらにバリエーションが広がった子どもたち。ハラダさんの♪♪♪♪♪に「あ、面白い！」と呟きがもれた。「ハラダさんは何をしたのかな？」と問われ、口々に畳みかける子どもたち……だが、途中で誰かが「違う、そうじゃなくて」と遮ろうとした。それには先生は顔をしかめ 先生が嫌いなのは、頭ごなしに否定したり、相手が言い終わってないのに勝手に言い始めること と言い放つ。「もう1回言ってみて」と仕切り直すと、発言しかけていた彼は改めて 最初はいつものリズムだけど、後から新しいリズムになった と述べてくれた。

ユリコちゃんは「クマちゃんや私と違って、最初にウンをつけていた。オガワくんも最初にウンだったけど、ウンが長かった」と自分とも比べて分析。「ハラダさんはウンが短かったんだ」先生が引き継ぎ、ハラダさんにもう1回やってもらう。さらにみんなでそれをまねて吹き、彼女の考えを共有した。

それにならい、ここからは「1人→全員→1人→全員」という流れに。

表現の裏でみんなが考えていたこと

1周が終わり「吹く時にどんなこと考えてた？」と先生。「吹く前にリズムを考えて、そのリズムが出せるように覚えた」とは用意周到なカマタさん。ハラダさんは「どうしたら面白いリズムになるか」。「その結果が『・ソ・ソ・ソソ・』なんだね！」と、彼女の思考が生み出した表現を振り返る。「じゃあ『ソーーー』っていうのは悪いのかな？」と先生が付け足すと、「悪くなーい！」と首を横に振る子どもたち。「ハラダさんはこれが面白いって考えたけど、どっちがいい・悪いじゃないよね」。「ソーーーは、平凡な感じ」と誰かが呟くと、先生は その言い方も面白いね！　大好き！ と微笑んだ。

一方でみんなの考えを聞き「何も考えてなかった……」と愕然とする子も。先生は彼らを「それでもいい。今は何も考えてなくてもOK！」と勇気づける。

活動 3　1音だけで4小節をつなげてみよう

いきなりつなげてみても、うまくいかなくて当たり前

「次は、誰か4人出てきてくれませんか」と呼びかけられ、「はいはいはい！」

> あまりに簡潔な説明だが、リレー奏などに慣れた彼らには「1人ずつ続けて演奏」というイメージはなんとなくある。最低限の説明でとりあえず走り出し、イメージをつかむことで加速をつける。
> Q5 p.80

> 一度試してから話し合いを設けたのは、活動のイメージがない状態では何を話せばいいかわからないから。

> 4人が「表現する側の思考」を練るのと同時に、こちらでは「聴く側の思考」を整理。2種類の思考を明確に区切るため、場所を分けるのも面白い（ただし同じ部屋の中、先生の目の届くところで）。

と元気に立候補するみんな。男の子2人・女の子2人を指名した先生は……「**今までは1人ずつ吹いてたけど、今度は4人でつなげてみて。たとえばキタハタさんが4拍、スズキさんが4拍、って**」と説明するなり拍打ちを始める。慌てる4人だが「せーの！」と煽られ、とりあえず音を出してみせた。

急に振られても堂々と表現した彼らは大したものだが、相互の関連性はない（突然なので当たり前だが）。「**1分あげるからリズムを相談してきて**」と指示され、4人は隅に陣取った。「みんなには内緒」という状況に熱も上がる。
その間、他の子たちも「**今のを聴いて気づいたことは？**」と話し合い。「スズキさんはスキップみたい」と個人の表現に迫る意見もあったが、「オガワくんとヤマムラくんは一緒」「オガワくんとスズキさんとヤマムラくんはウンがあるけど、キタハタさんはずっとソのままだった。全員ウンが入ってたら同じようになったと思う」という提案も。1人ひとりの表現からそれを「つなげる」ことへ、発展の予兆が見えてくる。

彼らは何を話し合っていたのだろう？

1分が経ち、戻ってきた4人。ブラッシュアップされた彼らの演奏は……。

「**4人が何を話し合ったか予想してみて！**」ワクワク顔で呼びかける先生。クマちゃんは「さっきと違って、みんながウンをつけるって考えた？」、ハラダさんは「4人のリズムがつながるように？」と自分の予想を述べてみる。
彼らの考えに迫るべく、みんなが充分に頭を捻ったら答え合わせ。オガワちゃんは胸を張り「ウンをつける人とつけない人がいたから、どっちかにしようって決めた！」と秘密会議を公開。先生が「**整理すると『まとまりをつくる』ってことだな**」と、彼らの考えの根幹……この活動のねらいを抽出すると、「だからつなげてもヘンにならなかったんだ！」と感心の声が上がる。「**さあ、ちゃんと聴けた人は拍手！**」先生の呼びかけで拍手が満ち、この時間が終了した。

> ♪ ソの1音だけ・変化の余地はリズムだけでも、まとまりのある音楽的な表現ができ、そこから思考を深められる。
> Q10 p.85
> Q17 p.92

> ♪ 前時と同じ活動でも「4拍が理解できるか」「ソの音が出せるか」を確認した前時と比べ、本時は「様々なテンポに対応できるか」「いい音で出せるか」にレベルアップした。

> ♪ 様々なテンポで繰り返すうち、「速いテンポと細かいリズムは違う」ということも感覚で理解できる。
> Q3 p.78

第2時　本活動：25分

前と同じことをやるにもちょっとバージョンアップ

前時と同様、4拍で「ストップ！」と言う活動から。だが難易度が上がり、テンポに変化がつく。きびきびと宣言される「スタート！」から目にもとまらぬテンポで「ストップ！」と叫ぶのも盛り上がるし、「せぇ〜の、スタ〜トぉ……」と重たげな口調、極端なローテンポに翻弄されるのも楽しい。
隊形移動も早々に円ができ、最初の関門を前回よりうまく乗り越えたことにみんなご満悦。そしてリコーダーでソを復習。「押さえ方、息の量……やっ

> 音楽の授業なら口調も音楽的に。合図の出し方だけでテンポやノリは伝わるし、逆に「もっと丁寧に！」と雑に叫んでは伝わらない。

ぱりいい音色がいいよね。たかが1小節でも大事に丁寧に出してごらん」目指す音色と同じように落ち着いた声で語り、「どうぞ」の合図にも指先まで心をこめる先生。それを感じ取り、子どもたちの音はとみに優しくなった。

本時は最初からリズムを変えよう

　そして、前時と同じ1人1小節ずつの表現へ。「リズム変えていいの？」前回を思い出した誰かの問いに「もちろん！」と先生。要領と楽しさをすっかり心得ている子どもたちは、最初から張り切って自分のリズムを披露する。
　キタウラくんの表現は、勢い余って6拍……戸惑ったのは次のユズハちゃんだった。「ユズハ、困った？」と先生が寄り添うと、「ちょっと……」と言葉を濁す。それに頷きつつ、先生は「（キタウラくんの表現は）長かったよね。じゃあ、少し待っててあげて」と彼女にお願いをした。「キタウラくん、もう1回。先生、待っててあげるから。2小節やってごらん」「えっ」ルール違反を咎められると思ったらしいキタウラくんが、意外そうな声を上げる。

> 「4拍じゃなきゃダメだろ」とは言わない。彼は6拍分の表現がしたかったのだから。それにこの後2小節に発展したり、ゆくゆくは4小節の旋律創作をしたりするのだから「彼は1歩先を行っているのだ」と考えればいい。
>
> → Q9　p.84

彼の6拍の後キリよく2拍休み、先生の合図でその次の小節からしっかり入れたユズハちゃん。2人とも、自分の思う表現を妥協せずに実現できた。

> → Q18　p.93

つんのめるようにして入ったイイダさんの焦り顔も先生は見逃さない。「イイダさんの気持ち、とってもわかる。どうして入りにくかったのかな？」先生がみんなに尋ねると「リツキの終わる瞬間が、始まる瞬間と被さったから！」と声が上がる。「そうそうそう！」先生は大げさに同意し、4拍目までいっぱいに入るリズムの面白さと、次の小節の頭からすかさず入る難しさを知らしめた。

活動 ④ 使える音を足してみよう

条件を増やす時に迷うことはない？

　1周が終わり「次はソとラで行きます」という先生に「イエーイ！」と歓声が上がる。だが「シも使いたい」と不満そうな子も。先生は少し思案し「じゃあ……ドまで行くと多いから、ソとラとシまでにしよう」と決め直した。
　ところが……何か言いたげなウメキさんの表情を見取り「尋ねたいこと、ない？」と話を振った先生。「2小節に……」おずおずと口火が切られると、彼女が言わんとすることを先に察し、オガワちゃんが「絶対その方がいい！」と熱烈に同意する。「待って待って」先生はスピード感のありすぎる2人の会話を区切り、置いてけぼりになりかけたみんなと共有する。
　「2人の話をまとめよう。使う音は最初はソだけだった。でも今ソとラとシにするって話になったよね。そうしたら2人が『2小節』って言い出して……オガワちゃん、続きを話して」「ソラシを使うといい流れがつくれるでしょ。それでソーラーシーソってやるには、2小節が必要なの！」思い描く旋律を実現するには今の条件だと入りきらない……と論理的に訴える彼。それを聞いてクマちゃんも「音の数だけ小節があった方がいい」と声を上げた。
　一方で「3音に増える？」「さらに2小節になるかも？」と、大幅に変わ

> 本来はいきなり3音ではなく、2音での過程を経る方が望ましい。「1音が2音になる」というのには「リズムが音高を獲得する」という重大な意味があるのだから。

> 彼らもこの後実際にやってみることで「1小節だけでもソラシを使った表現はできる」と気づき、納得する。

> 子どもの意欲でどんどん難易度を上げるのも結構だが、適当に歯止めをかけないと、ついてこられない子が出てきてしまう。

> ♪ 条件にある音を全部使わなければいけないわけではない！

> ♪ 最初の音を決めることで、第1歩を踏み出せる。最初の音が決まれば後は「それをどう変えていこうか」と考えればいいのだから。

る条件に不安そうな子たちも。先生は「**まずは1小節でやってみよう**」と結論を出し、「**ソにこだわる人は、ソだけでもいいんだよ**」と大切なことも告げた。

自然にできた「つながり」

　そうして、新たな条件で1人ずつの表現に再挑戦。「**まず最初の音を決めてごらん**」と先生、みんなが心の準備をしたところでカマタさんからスタート。「あっ」2人目の時点で、子どもたちの顔がパッと輝く。「**君たち、打ち合わせでもしたの？**」と問われ、2人は「ううん！」とくすぐったそう。「つながるように考えたんじゃない？」クマちゃんが口走ったキーワードに「そうだよ！　そうだよ！」と興奮気味の先生、そのオーバーな反応にクマちゃん本人も驚きつつ、自分の発見に想像以上の価値があることに気づく。さらに……

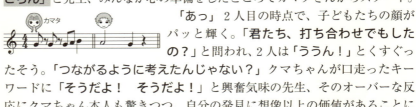

　スズキさんとモリタくんのところでもつながりが生まれた。「来た！」先ほど要領を得て、待ち構えていた子どもたちから歓声が上がる。「**もう1回やって！　ソーラシシ、ラシソー♪**」2人のリコーダーに合わせ、みんなで旋律を口ずさむ。さらに女子はスズキさん、男子はモリタくんにならって吹いてみた。クラス全員でつながりを共有し、その美しさを改めて実感する。

「つながり」の理由を考える

　「どうしてつながった感じがするのかな。2つ理由があると思うんだ」と先生。「音がつながってるから……シからラに」思案しながらそう述べるフジタくん、もう1つは……考えこむ子どもたちだが答えが出ない。唯一「はい！」と手を上げたのはオガワちゃん。聡く先を行く彼に先生は「**みんなにわかんないように、先生にだけ教えて**」と内緒話を持ちかけた。「……合ってます！」頷く先生に彼はニンマリし、なかなかひらめきを得ないみんなは焦る。

> 彼が答えを明かしてしまうと、他の子たちが自力で答えに辿りつこうとしなくなる。一方で彼も「先生に自分の考えを聞いてもらえた」という満足感を味わい、考えることや発言することへの意欲をもち続けてほしい。

　先生は両者を見やり「じゃあ、ヒント出して」とオガワちゃんに乞う。「最初の音を聴いて！　それが後で……」それを経てスズキさんとモリタくんに再度演奏してもらうと……「わかった！」はちきれそうな勢いで手が上がった。「**スズキさんがソで始めて、モリタくんがソで終わる！**」オカモトくんの答えに、先生もオガワちゃんも周りの子たちも大きく頷く。こうして解決した苦しくも楽しい過程が、子どもたちに「つながり」の価値を克明に刻んだ。
　次に話題を提供してくれたのは、ユリコちゃんとクマちゃん。

　「おっ、2小節」先生はそう声を上げたが、みんなは「ソラシが繰り返しになってる」「ソラシもシラソも、階段みたい」「ユリコちゃんがソラシでクマちゃんがシラソだから、反対」と実に様々な観点から「つながり」を発見。「そうだね、階段を上って下りてるみたいだね。2人で一緒にやってみたら？

1音アドリブ

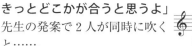

きっとどこかが合うと思うよ」
先生の発案で2人が同時に吹くと……。

「ラで合った！」はしゃぐ子どもたち。またその前後にもソとシの美しいハーモニー。そこに歓声を上げる子も多かった。

続いて、音を出す一瞬前に指づかいを変えたコヤマくん、すかさず先生の目が光った。「『これを吹こう』って決めてたのを、ツネマッちゃんが吹いた後で変えたでしょ？」そう問われて、「……つなげてみた！」と小声で誇る彼。みんなの話題に上る「つながり」を、自分でもつくりたくなったのだ。

> 学んだことをさっそく試すのは素敵。また、子どもが出すサインは演奏や発言だけではない。一瞬の仕草や表情にも着目し、その裏にある思考を読み取る。
> ➡Q18 p.93

「終わり方」もいろいろ！

最後が近づき「（ラストの）ヤマムラくん、どうやって終わるかね？」とワクワクし始めるみんな。その期待を受けて彼が決めた終わり方は……。

「あはははっ！」このクラスの定番の終わり方 ➡p.34 に歓声が上がる。笑顔で頷きつつ「この終わり方もいいけど、『こんな終わり方もあるよ』っていう人いない？」と別のアイディアも募る先生。モリタくんはまず「ずっと音を出して、最後にポッて」と言葉で提案してくれた。「実際にやってみて！」と促され、と音にもしてみせる。「今の、終わりを感じた？」他の子たちを見渡して先生が問うと、「うん！」とはっきり頷くみんな。

アッシーの案は 。「あえてラで終わるの、面白いね！」先生の言葉に彼はニコニコするが、『バイバイ』って言ってるように聴こえた」という声も。確かにわらべ歌のように捉えるならラで終わるのもさもありなん！

> KEY PHRASE
> 言葉で説明するだけでなく、実際に音にしてもらう。
> ➡Q3 p.78

> ♪ ここでは「終わりの意識」が重要なので、様々な終わり方があっていい。「終わりをつくろうとする」「自分には終わりが感じられる」という意欲と根拠が大事。
> ➡Q10 p.85

活動 5　2小節にのばしてみよう

2小節にするにはどうしたらいい？

次に考えるのは、2小節にのばすこと。「さっきも2小節でやった人がいたね」と呼びかけられると、何人かは「やりたかったけどできなかった……」ともらした。彼らになり代わり、先生がみんなに問いかける。「先生が『ソラシー』と1小節つくったとする。でも2小節目がつくれなくて困っているから、アドバイスをくれない？」。そう言われると、俄然張り切る子どもたち。

「同じのを繰り返せばいい」とはカワムラくんのアドバイス。コンドウくんは「1小節目がソラシなら、そのままシをのばしちゃえば」。ムトウさんは「ソラシを逆にして、ソラシーシラソーって」。先生はみんなの案に頷きつつ「究極のやり方もあるけどね！」とニヤリ。それに思案する子どもたち、「わかった！　休みにする！」と誰かがひらめくと「そのとおり！」と先生。

ところが……授業時間がここで終了。実際に全員が2小節の表現を体験することはなかったが、この「2小節にするには」という議論の中にも学びがあったし、別の題材でもそれらが確実に活きる！

> ♪ よく出るのは「繰り返す」「休符にする」案。この「逆行」はあまり出ない。それを思いついたのは、先ほどユリコちゃんとクマちゃんがそれをやってくれたからだろう。

FILE 4 音型の分析
「考えること」「議論すること」を楽しもう！

Keywords
- 即　興
- リコーダー
- 1小節

共通事項
旋律

対象 中学年
かかる時間 30分程度×2コマ
用意するもの リコーダー、バスウッドドラムなど
拍打ち用の打楽器、五線譜の黒板
この活動をするために必要なスキル
●リコーダーでソ・ラ・シ・ド・レの音が出せる

■授業の手順

第1時

活動① 使う音とリズムを確認しよう

●クラス全員で1重の円を作る。
●使う音（ソ・ラ・シ・ド・レ）の運指を確認する。
●使うリズム ♩♩♩♩ ‖ を確認する。

活動② 決まったリズムで1小節の旋律をつくってみよう

●活動1で確認したリズムと音を使い、1人1小節の旋律を即興で発表する。

活動③ いろいろな「音型」を見つけよう

●活動2で子どもたちが発表した旋律を「音型」で分類する。
●他にどんな音型があるかを話し合う。
●それぞれの音型の特徴をもとに、音型に名前をつける。

第2時

活動④ 見つけた音型を使ってみよう

●活動2と同様のリズムと音を使い、1人1小節の旋律をつくって
発表する。
ただし、今回は「音型を決める」ことから旋律づくりを始める。

活動⑤ 音型をつなげて、グループで4小節の旋律をつくろう

●4人組になり、音型に留意しながら1人1小節、4人で4小節の
まとまりのある旋律をつくる。でき上がったら発表する。

授業づくりの意図

旋律づくりには〈リズム〉と音の高低の変化（本書では〈音の流れ〉と称します）の両方
が必要ですが、〈音の流れ〉は感覚による部分も多いもの。でも、生来のセンスがなけれ
ばできない「感覚からのアプローチ」ではなく、考えるための根拠をもつことで、どの子
も旋律づくりに取り組めるように……その前段階として設定した題材です。授業の中心は
子どもたちの対話。それを教師も楽しみながら、発言や呟きをつなげて学びへ導きましょう。

38　第1章　音楽づくりの授業リポート

授業リポート 4年生

FILE 4 音型の分析

第1時　本活動：30分

活動 1　使う音とリズムを確認しよう

みんなが絶対できることから始める

　リコーダーを持ち、円になった子どもたちに「ソの音、ちょうだい」と先生。みんなが「ソー……」と適当にのばすと、「オッケー！　次は4拍のばします。4分の4拍子で、そーおーおーおー」バスウッドドラムで拍打ちをしながら指示を詳細にしていく。4拍で全員が止めると、先生は「完璧！」と短く讃えた。「切り方がちょっと雑な人もいたけど、それは今は問わないよ」。
　ラ、シも同様に4拍のばす。「……と来たら？」流れを読み、全員がドを出すと幸福な一体感が生まれた。でも先生は「ラに下がると思ったのに！」とあらゆる可能性を示唆して笑う。さらにレも練習し、ソ・ラ・シ・ド・レの5つの音を板書して、先生は「これが今日使う音です」と宣言した。

リズムの確認は微妙な違いが胆

　リズムについても条件が出る。「今日は先生がリズムを決めてしまいます。『タンタンターン』ね」ホワイトボードに♩♩♩ ‖と書き、先生は「まず手拍子でたたいてみ」と指示。簡単なリズムなので戸惑う子はいないが、みんなの手拍子を見て「今、2パターンあった」と手を止めた先生。ふんふんと頷く子もいれば、「何が？」と首を傾げる子も。
　そこで先生は「見比べてみて。1つ目のパターンは……」と実演してみせる。3拍目でぴたりと合わせたまま止まる手に、何人かが「あっ」と目を見開いた。「もう1つのパターンはどうやってやると思う？」と問われ、「すぐ止めないで、手でのばしてる感じにする」とウッチー。先生は頷き、彼女を自分の隣に座らせた。「みんな、先生とウッチーの手拍子を比べてみて。同じリズムのつもりだけど、どっちが正確か……」並んで手を打つと一目瞭然。3拍目で大きく腕を回す彼女を見て「ウッチーのはお花みたいに開いてる」と誰かが呟く。2パターンを見比べ、「ウッチーの方がいい」と口を揃えた子どもたち。「その理由は？」ここから熱い議論が始まる。
　「ウッチーのは、最後がのびてるみたい」とアリスちゃん。先生は頷き「続いて？」と他の子たちを見回した。「えっと……あっ、同じだ」口を開きかけて、内容の重複に気づいたウツミさん……でも先生は「いいよ、同じでも。自分の言葉で言ってみて」と先を促す。「最後の音符だけ、2拍のばす……」自信なさげな彼女だが、「同じだけど『2拍』って要素が増えた！」と先生は力強く肯定する。サトウさんは「3拍目は2拍分でしょ。ポンって止めると、4拍目が休符になっちゃう」と詳述した。「自分の言葉でさらに磨いたね！」嬉しそうに耳を傾ける先生に、子どもたちはもっと言葉を紡ぎたくなる。
　カワゴエくんが「合ってるかわかんないけど……」と切り出すと、「多分間違ってるだろうね！」とバッサリ。苦笑する彼に「でも言ってみて。間違ってたって何も問題ないんだから！」と先生は続ける。勇気づけられて「3つ

♥ 初歩から復習することで、新しい学習にも安心して取り組める。ただ3年生 p.31 と違い、こういう活動に慣れているので、細かい演奏技術は大目に見てテンポよく次へ。
Q1 p.76

♥ 「良い例・悪い例」とただ提示するのではなく、子どもたちに考えさせるきっかけを逃さない。また、悪い例を示す時は先生がやってみせる。

「続いて？」と投げかけると、前の子の発言を尊重しつつ、それを具体化するような言葉が出やすい。

「自分の言葉で」で同じ事象について様々な視点・表現で意見を集められる。「新しいことを言わなきゃ」というハードルがなくなるし、そこで音楽的な言葉がぽろっと出てくれば最高。子どもの発言を転がして、議論を音楽的に深めたい。

♥ この会話は良好な人間関係が前提だが、そもそも学校とは間違いを恐れる場ではない。特に音楽で「正解・不正解」を問うことは少ないはず。安心できる雰囲気が活気あるディスカッションの根源。

たたくうち1つをのばすのと、均等にたたくのの違い……」と話し始めた彼に、先生は「いいこと言ってる。全然間違ってない！」と真摯に頷いた。

まだまだ続きそうな議論をまとめ、次の活動に向かう。「要するに、このリズムを知ってほしかったんだ。最後の音をしっかり2拍のばしたいから」。

活動 2 決まったリズムで1小節の旋律をつくってみよう

いつもの「1人1小節の即興」

「このリズムで、1人1小節つくってみて。ソラシドレの中で、自由に音を使っていいです」ごく簡潔に説明し、「たとえば『オレはソだけ使うぞ』って思ったら」 「……でもいいし、『他の音も使いたいな』と思ったら」「これでもいい！」とリコーダーを吹いてみせる先生。一番シンプルな例でみんながつくり方のイメージと「自分もできそう」という実感をつかんだところで、「1分間、自分で考えてみて」。子どもたちに迷いはなく、音楽室は試行錯誤する音であふれる。

1分経ったら発表。いつものとおり、円の隊形で1人ずつ順番に。「最初がいい！」「オレ最初！」ほとんどの子が挙手するが、「最後がやりたい」という子も多い……なぜみんながそう思うのかは、この少し後に。

子どもたちの猛アピールに押され、先生は「スタートは抽選にします！」と言い渡し、子どもたちの中心で目をつぶってぐるぐるぐるぐる……「ストップ！」「ストップ！」大いに盛り上がる人間ルーレット。だが熱狂の中でスタートを決めた後、先生は真顔で語りかけた。「自分の表現は1小節、2秒程度しかない。だから、しっかり責任をもって。それと、人の表現も受け入れること」うって変わった先生の眼力に、子どもたちも神妙になる。

さらに「終わったら、みんなに1つ問いかけます」とも。「何を？」という問いに「それを言ったら意味ねえだろ？」と笑う先生の意図はますます謎に包まれ、「だから、みんなの音をよく聴いておいて」との忠告にコクコク頷く子どもたち。そうして1周目が始まる。先生は拍打ちをしながら短いコメントを挟み、子どもたちの表現に勢いをつけていく。

終わりの要素は主音だけではない！

座りのよい終わり方に「おー！」と歓声が上がった（だからみんなトリをやりたがるのだ！）。「なんで『おー！』って言ったの？」先生が首を傾げると、ある子が「終わりっぽかったから！」と端的に答える。「終わりっぽかっ

た？」オウム返しで詳細を促す先生、ところが「ソで終わったから」とサイトウくんが答えると、「うっそぉ」「終わった感じがするのはドでしょ？」と疑問を挟む子も現れた。「うぅん、今はソが基準だから。『ミレド』と『シラソ』が同じ感じって考えれば、サイトウくんの考えはいいんだよ」先生が必要最低限の情報で移調を説明すると、「そうなんだ」と納得。

さらに、終止感の要素は主音だけではない。「高いところから低いところに向かっていって、しかも最後がソだったから！」それも滑らかな終止を醸し出す要素の１つだ！

> ♪「ト調だから、ソが主音」という理屈がなくても、「終わった感じがする」という実感はあるのだから、「実感→理屈」という流れで説明してあげればいい。
> Q3　p.78

活動 3　いろいろな「音型」を見つけよう

ますます深まる先生の謎にヤキモキ

また、先に掲げた謎の片鱗を先生はチラチラこぼす。「今、先生はあることに注目して聴いてたの。あー、あれもあった、これもあった……」宙をにらむ先生を、もどかしがる子どもたち。「なんとなくわかったかも……」おぼろげに呟く子もいるが、まだ答え合わせはせず「もう１回やってみるよ」。

> ♥この時点で答えに気づいていた子もいた。でも答え合わせをせずヒントを小出しにすることで、子どもたちは状況にいっそう分析的に立ち向かう。

「あ、上がった！」「下りた……」演奏の合間に呟く先生。「みんなの音を聴きながら、先生には見えてるんだよ」。音が"見える"？「先生怪しい」「ストーカーみたい」ざわつく子どもたちだが、何人かは先生の手が何かをなぞるような動きをしていることに気づき始めていた。そこで友達の表現と先生の指先を照らし合わせてみると……やっぱり！

「わかった！」「はい！　はい！」多くの子どもたちが答えを見つけたところで、謎は解決の方向へ。先生が指名したのは、当初からひらめいた表情をしながらも、控えめに佇むシンくんだった。「音楽は得意ではないので、自信ないけど……」言葉を濁す彼だが、「もしソラシだったら、山にたとえたら上っていくじゃない……？」そう続けると、先生は「うん！」と食い入るように頷く。「で、シラソは逆に、山を下りている……」「シンくんには、先生の頭の中が見えるんですか……！」愕然とする先生に、はにかむシンくん。

> ♥「演奏技能では目立たない（＝本人には音楽への苦手意識すらある）けれど、考えることは得意」という子もたくさんいる！
> Q3　p.78

思考のパターンが決まれば、みんな考えられる

それを受け、他の子たちからも「そうそう。あと急に上がったり」と報告が飛び始めて、「じゃあ整理しよう」と場が仕切り直された。「先生はみんなの音の流れを見てたの。シンくんが『山みたい』って言ってくれたように、音の流れを形で分類してみよう。『山を上る』って、どういうこと？」セイケさんが とリコーダーで応えると、「他にもある！」「逆に下がるパターン」

> ♥「同じもの」「反対のもの」「似てるけど違うもの」など、様々な関連づけを考えている。シンプルな発言だが、とても論理的に思考しているということ！

「上がるけど違うパターン！」など、多様な切り口の提案が飛び出す。

「上がるの、もう1個ある！」とナガウラさんが出した例は♪。「そうそう」と頷く子もいるが、「そんなのあり？」と戸惑いの声も。先生は「おっ！そっちで来る？」と歓迎し、「ソラシ」と「ソシレ」を並べて板書した。「**この2つに名前をつけるなら、どんな名前にする？**」そう問われ、まず2つを「上り坂」と総称したみんな。ならば「『ソシレ』は『急坂』だね」とも合意する。

そこから先生は「**この反対の、下がるバージョンも誰かやってよ**」と展開。モリさんが「ソラシ」の反対として「シラソ」と吹いてくれたが、「ソシレ」の反対として挙がったのは……♪。「惜しい！」「でも似てる」「つまりさ、1個飛ばしじゃないといけないんだ」「ならレシソじゃん」口々に上がる呟きが、「ソシレの反対」の定義を突きつめていく。

> ♥「アイディアを1つ出す→その反対を出す」というパターンをつくることで、考えるのが苦手な子たちも「こう考えたらいいのか。なら次は自分でもできる」と思える。

「今度は違うパターンを挙げよう。1周目でカワサキくんがやったやつ」話を振られ、カワサキくんが意外そうに顔を上げる。単純さで笑いを取りにいった彼の音型は♪。名前をつけるなら……「**普通の『道』でいい気がする**」とある子。先生はさらりとその案を採用した。

> ♪ ただし「道」という名前は第2時に覆る。その経緯は p.44。

「他のもまだある！」元気な女の子たちが出した♪に、4年生のみんなは「さくら〜♪」と口ずさむ。「この反対は？」と問われ、まず挙がったのは♪。「確かに、それもあるね！」別の可能性を匂わす先生に「あ、それと」誰かがひらめきの声を上げる。♪という案に「**納得納得**」、これらは例の曲にちなみ「さくら（上）」「さくら（下）」と名づけた。

「他にもあるあるあるあるある」子どもたちはさらに賑やかになる。前方の子たちは特に勢いが激しいが、「**ごめん、後ろの方を指すね**」と先生。

> ♥ 指名は席の位置に対してもまんべんなく。クラス全体を巻き込む雰囲気になるし、「先生は全員をちゃんと見てるよ」というメッセージにも。

フジモンは、発言しようとして「あっもう出てました、すみません」と訂正。「でも教えて」「いや、でも」取り消したいフジモンだが、それでも促す先生。「……ソソレーとか」恥ずかしそうに呟いた彼のアイディアを聞きつけ、誰かがリコーダーで音にしてくれた。「**ああ、急に上がるパターンね！**」と喜ぶ先生、確かに「さくら（上）」と似ているが、「急」という要素は新しい。「めっちゃ急な階段！」誰かがおどけて言い、みんなの笑い声が上がって、フジモンもほっとする。

シンくんは「上がって下がるパターン」と音型からアプローチ。「たとえば？」と求められ、♪と例を挙げた。フジモンの件が頭に残っていた子どもたちは「それの急なやつ、ある！」と提案、♪を出してくれた。ナガウラさんからは♪。

「同じ音に帰ってこないで、違う音に行った」「下がりきれなかったんだ」「だったら、上がりきれなかったやつもあるかな」気ままなおしゃべりが、思考をみるみる深めていく。

まとめに「さっきリコーダーを吹く時、こういうことを意識してた人？」と問われると、「思いつきで吹いてた」とポカンとする子どもたち。だが「**別のことを考えてた**」という子もいた。ハナちゃんは「みんなの音を聴いて、アイディアがかぶらないように」、一方サイトウくんは「前の人につながるように」。視点の異なる2人の考え方に、みんなが「ああ！」と感嘆した。

FILE 4 音型の分析

第2時　本活動：30分

**「偶然の思いつき」だったものを
きちんと整理**

　行事が挟まり、前時から10日とやや久しぶりの授業。席に着いた子どもたちの前にホワイトボードが出され、まずは思考モードだ。「前回、ソラシドレの5音でリコーダーを吹いてもらいました。そこで先生は音の流れの形を見てたんだよね……」あらすじを説明し、音型の復習に入る。「たとえば『ソラシ』って上がるパターン。反対に『シラソ』って下がるパターンや、1つ飛ばしもあったね。『ソシレ』とか。この逆は？」「レシソ！」板書と対話で整理しながら前回を辿る。

　「『さくら』みたいな『ララシ』ってのもあった。この反対は」「シシラ」「シララも」場が温まり、発言も活発になっていく。「それから？」「急に上がるやつ。ソソドとか」「別の案で、ソレソ」「その反対はレソレ！」勢いを増し、我先に思いつきを述べ出すみんな。板書していた先生は「そんなに書けない！」と悲鳴を上げて発言を区切り、次の観点を提示する。板書した音符を赤ペンで辿り「音符を線でつなぐと形が見えるね。どんな形があるかな」。

音・階名・五線譜で状況を理解

　視点が切り替わり、少し首を傾げた子どもたちだが、ある子のひらめきをきっかけに場が再び回り出した。「思いついた？　吹いてみて！」と言われ、♪♪ とリコーダーで吹いた彼女に、先生はとぼけて「先生、聴いても音がわかんないから、なんて吹いたのか教えて？」と階名も求める。「ソラレだよ～」彼女がそう口に出し、その間に先生は五線譜に板書。「先生のくせにわかんないの！」子どもたちの暴言を受け流しつつ、リコーダーの音・階名・楽譜の3通りで「ソラレ」の音型を確認する。

　「急に、ゆるくなった」ある子の発言は事実と異なるが、先生は彼が「急」「傾斜の変化」という要素に注目していることを拾い出した。**ああ、急にがくんって行くってこと？　ソラはゆるやかだけど、レで急にがっくん**」とやんわり言い換えてみせると、彼は我が意を得たりという顔で頷く。

　リリちゃんが出したのは♪♪。「砂山って感じ」楽譜の愛らしい傾斜を見てカワサキくんが呟く。サイトウくんは♪♪ を提案。「『レソレ』に似てない？」既出の案を指す先生に、みんなが「でも、戻りきらないの」と違いを解説する。「**体力がなくて上れないんだ**」サイトウくん本人もその意図を説明。「あはっ！　体力があったらレに戻れたのにって？」五線に標高を見出し、体力を使ってその上を歩き出したみんなの発想を先生も面白がる。

「名前をつける」ことで音型の特徴に迫る

　いろいろな音型が集まり、ホワイトボードがいっぱいになったところで次の話題へ。「それぞれの形に、名前をつけてみて」と先生。しかも挙手を募らず「思いついた名前をポンポン言って。ピンと来たのを先生が拾うから！」。そうなれば当然、瞬く間に大騒ぎになる。

♥ 前時は「偶然出たものを分類する活動」だったが、本時は「整理」から。自分たちが何を学んだのかを整理された形で振り返る。これは授業が2時間に分割されているからこそ。
　Q2　p.77

♪ 「音で聴く・階名で捉える・楽譜で見る」の3段階を踏むことで、どの子も状況を理解し議論に参加できる。楽譜を使わず音だけ・階名だけで議論しようとすると、逆に音感がない子や階名が身についていない子たちが大勢取り残されてしまう！
　Q8　p.83

♥ 発言が間違っていても、キーワードを抽出し「君が気づいたことはこんなことにつながるね」と拾う。誤りも先生のコメントで包みこみ、勇気を出して発言したことを後悔しないようにしたい。

♪ 五線譜＝視覚化したからこそ、音の高低差に着目したり、そこに位置エネルギーを感じて「上るのは体力がいる」という動的なイメージが出たりする。
　Q8　p.83

「ソラシー、これは？」「坂道！」「っていうか上り坂」「じゃあ反対は下り坂」「ソシレー、これは？」「急坂」「日の出」「急坂にしよう」規律なく四方八方から飛ぶ発言。でもその分、発言のチャンス・意見が採用されるチャンスは全員平等だし、ある子の意見から別の子がその場でインスピレーションを得て新たな案を生み出す。「ドドドー、これは？」「平野」「ひらの？」「じゃあ、じろう」「それは全く音楽的じゃないから！　なら平地な！」

「ラソレー、これは？」先生が歌ってみせ、旋律を音でもイメージしながらやりとりを進める。♩♩♩♩は、急激な落差で「がけ」。♩♩♩♩は「山」、ならば逆の♩♩♩♩は「谷」。先の♩♩♩♩は経緯どおり「体力なくなった人」……では長いので「つかれたな～」に。

でも、♩♩♩♩などは難しかった。「がけ」「もうあるよ」「じゃあ、ショッピングカート。レが取っ手で、ソがかごの部分」……音型をスパッと言い表せる案はなかなか出てこない。「連想ゲームじゃないんだから、音の流れを表す名前にして」と先生、結局「これは保留にしておこうな。あんまりいいアイディアが出なかったからね」と締めくくった。しかし、名前が決まらなかったことは何ら問題ではない。この活動の本懐は、「命名」という目的を通して音型の特徴に思い巡らすことなのだから。

> ♪ 平野、もとい「平地」と称された「ドドドー」だが、前時では子どもたちは「道」と名づけていた ➡p.42。当初は単純な印象しかなかったが、その後で多様な音型が挙がり「道といってもいろいろある」「この音型は他と比べて、平らなことが特徴なんだ」と気づいたから。

> ♪ 採用基準は「わかりやすいか」「みんなが納得できるか」、そして「音楽的な特徴を捉えているか」。たとえば音符をつないだ線はショッピングカートに見えるかもしれないが、逆に「ショッピングカート」と言われてもその音型は想起できない。それが「音楽的か」ということ。

活動 4　見つけた音型を使ってみよう

学んだことを使って旋律をつくってみよう

議論で深まった考えを、実際に使ってみる。前回と同じ音・リズムで1人1小節ずつ即興する活動だが、思考回路はまったく変わる。「前は適当に音を選んだと思う。だけど、今度は型をまず決めてみて」ホワイトボードに並んだ型を示し、先生はそう投げかけた。

> ♥ 前回は思いつきでとりあえずやってみたが、今回は考えることを前面に。
> ➡Q3　p.78

きれいな終息に「お～！」。「終わった感じがしたけど、理由はもうわかるね？」と本時も掘り下げる先生。「ソラシドレの中でソが基準になっていて、そこに戻ったから」前回はト長調の終止感を説明する言葉を持っていなかったサイトウくん ➡p.41 だが、それを経て今回はすごく整然としている。

ハナちゃんが「私の考えだけど……」と前置きすると、先生は「あなたの考えでいいんだよ」と背中を押す。「ソレソみたいに突然行くんじゃなくて……ソからラに1個だけ上がって、きれいな山にしたからだと思う」「うん。あなたの表現、わかるよ！」先生は何度も頷き、発言の価値を保証する。

1小節の旋律から相互のまとまりへ

それから、先生には今の1周の中にまた発見があった。「みんなのを聴きながら、『まとまりがあるところ』を探してたんだ。そしたら、1箇所あった」

> ➡Q10　p.85

それぞれで選んだ音型だから、まとまりができるとすれば偶然。でも、それが次の活動の糸口になる。

「オオヌキさんとハナちゃん、もう１回吹いてくれる？」彼女たちの箇所は  、それを聴いたみんなは「ああ！」と、「まとまり」の意味を理解する。「ソソレで上がって、レソソで下りてきた。登山したら下山しないといけないでしょ」「ソソレとレソソで、鏡みたいだから」１小節の音型だけに目を向けていた思考が、「音型同士の関連性」にシフトしてきた。

活動 5 音型をつなげて、グループで４小節の旋律をつくろう

30秒で４小節の旋律づくり⁉

そしてグループでの旋律づくりへ。「誰とでもいいから、まず４人組になる。４人で１つのまとまりになるように、音をつなげてみて。１人１小節だから、４人で？」「４小節」簡潔に説明し、作例を吹いてみせる先生。

▶Q9 p.84

……「まとまりがあるだろ？」得意げな先生だが、子どもたちからは「つまんない！」と不評だ。「自分ならもっと面白くできるのに！」とうずうずしてきた子どもたちに「１〜２分でやって。できたら先生のところにおいで」と呼びかけると、すぐさま創作活動が始まる。

作業開始から30秒！ 最初に先生を訪ねたのは、男の子４人組だった。誰より早かったことを誇る彼らの作品は……。

時間をかけていない分ひねりはないが、見事な統一感があり、大きなフレーズにもなっている。「**おお、完璧！**」先生は褒め称え、みんなに「**このグループの聴いてみて！**」と呼びかける。彼らが演奏すると、シンプルさに笑いも起きた。でも先生は「**まとまってるだろ！**」とはしゃぎ、「まとまり」を高く価値づけてみせる。彼らには「**今のも残して、違うのをつくってごらん。今のはわりと課題どおりだから、次はちょっと面白いの、このグループらしいのをつくってみてよ**」と新たなミッションが与えられた。

それぞれの作品にあふれる考え

ごく手短につくり上げた彼らが喝采を浴びたことで、他の子たちにも安心感とやる気が湧き、勢いづいた子どもたちが先生のところに押し寄せる。女の子４人組が披露したのは、こんな作品。

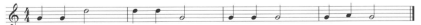

可愛い起承転結に「**あはっ！**」と先生の微笑みがこぼれた。嬉しい反応に彼女たちも「あのね、物語になってるの。上って、下りて、歩いて、ちょっと上る」と意図を語りたくなる。

完璧な音型の統一が美しい。「ちょっと上がる型で統一感があって、すごくいい」と先生も感慨深げだ。続くグループは、それと似ているが……。

「そっち行ったの！　裏かかれた！」繰り返す型をあえて崩すという意図は先生を驚かせ、彼らは顔を見合わせてニヤリとする。

このグループは一見、音の流れをあまり意識していないように思えるが……「どういうまとまりにしたの？」と尋ねられ「はじめの音が、前の人の最後の音になるんだよ」と即答。「だから統一感があるんだ。それに、ソから始めないで上から下りてきたよね。それもいいと思う！」先生に感心され、自分たちの作品の魅力に改めて気づく。

最後は全員が発表。とはいえ1グループ10秒弱で、時間はかからない。

法則をもって穏やかに上行し、最後に意外な急降下と終止感のある作品。

インパクトのある山をおき、そこからゆったりと終止に向かう作品。

ここまでの流れに、先を予測した子どもたちがくすくす笑いをもらす。そして最後はやっぱり  ！　期待を裏切らない終止に爆笑。

先にものすごい早さで第1案を仕上げた男の子たちは、その後につくった第2案を披露した。

第1案と性格がまったく違う。法則性と意外性で聴き手を出し抜く、ユーモアに満ちた作品だ。「あはっ！　最後やるね！」先生も思わず歓声を上げる。

最後は、人数の都合で2人組になった1グループ。彼らには他のどのグループにもない特徴があった。

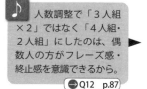

♪ 人数調整で「3人組×2」ではなく「4人組・2人組」にしたのは、偶数人の方がフレーズ感・終止感を意識できるから。
Q12　p.87

シンプルな音型と穏やかな昇降で、ソで始まりも終わりもしないのにしっとりした終止。「とってもよかった。シから始まるのがまたいいよね」2人というハンデを乗り越え、コンパクトで美しい表現をした彼らに、先生も感心。

音型の探究は、ひとまずこれで終わり。手と頭を動かして「音型に着目する」という思考回路を得た子どもたちは、今後の旋律づくりでそれを活用していく。歌唱や器楽、鑑賞においても、音型から旋律の共通項や差異を見出し、楽曲を分析したり、それを演奏の工夫につなげたりすることはとても大切だ。音楽の授業だけでなく、どんな音楽家にとっても！

FILE 5 Ⅰ－Ⅳ－Ⅴ－Ⅰの旋律づくり
知識を音楽づくりで身につける

Keywords

- リコーダー
- 和音進行
- 旋律創作

共通事項
音の重なりや
和声の響き
旋律

対象 5年生
かかる時間 30分程度×2コマ
用意するもの トーンチャイム、リコーダー、五線
譜の黒板（第2時）、伴奏音源（第2時）
この活動をするために必要なスキル
- 『茶色の小びん』などのⅠ－Ⅳ－Ⅴ－Ⅰの曲を学習している（旋律をリコーダーで吹ける）
- 即興で1人1小節の旋律がつくれる

■授業の手順

第1時

活動 1 和音を学ぼう

- 授業冒頭に歌う歌唱教材の伴奏から「和音」の存在を考える。
- トーンチャイムで単音と和音を比べ、和音のよさを知る。

活動 2 和音進行を学ぼう

- Ⅰの和音だけで『春がきた』などを歌い、「合わない」ことを確かめる。
- Ⅰ、Ⅳ、Ⅴの和音をトーンチャイムで鳴らし、和音を並べる順序にも意味があることを知る。

活動 3 和音進行と旋律を合わせてみよう

- 活動2で見つけたⅠ－Ⅳ－Ⅴ－Ⅰの和音進行に『茶色の小びん』をリコーダーで重ね、和音進行に合う旋律について考える。

第2時

活動 4 旋律をつくるためのヒントを考えよう

- 旋律をよりよくするための方法（リズムの変化や経過音など）を考える。
- 和音にない音でも使ってはいけないわけではないことを確認する。

活動 5 和音進行に合う旋律をつくろう

- 4人組になり、1人1小節を分担して4人で4小節をつくる。Ⅰ－Ⅳ－Ⅴ－Ⅰの伴奏音源を鳴らし、その中で作業をする。
- 早くできた班に発表してもらう。

授業づくりの意図

5年生で扱う和音の学習には、実は「和音とは」「和音進行とは」「和音と旋律との関係とは」という段階が含まれています。この題材では前半にそれらを体験的に学びますが、ここで大切なのは『合わない』という経験を経て、『合う』ことを知る」ということ。後半ではせっかく獲得した和音の知識を活用し、和音進行を伴った旋律づくりに挑戦します。その後さらに数時間をかけ、8小節のまとまりのある旋律づくりにも取り組みます。

授業リポート
5年生

第1時　本活動：25分

活動 1　和音を学ぼう

愛唱歌から「音楽の3要素」を考える

　4年の終わりに「音型の分析(→p.38)」を経験してはや数か月、5年生の7月を迎えた子どもたち。授業の冒頭には最近の教材曲『君をのせて』を歌う。和音もことさらに美しい先生の伴奏で、なじみ深い旋律を歌い上げた子どもたち……そこに先生は遠大な問いを投げかけた。

　「音楽って、何でできているのかな」。ポカンとする子どもたちに、先生は例を挙げて話を具体化させていく。「たとえば『君をのせて』が、どんなパーツからできているかというと……1つは、リズム」そう言って手拍子を打ってみせる先生。続けて「2つ目は『たらーららーらーらー♪』旋律、だね」口ずさむ先生に、子どもたちは当然のように頷いた。「『音楽の3つの要素』というのがあるの。みんながよく聴くような曲は、だいたいこの3つで構成されている。すべての音楽に3つの要素が必ずあるってわけじゃないけどね……」音楽の本質への問いかけと、至近の教材曲が結びつく。

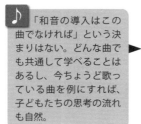

♪「和音の導入はこの曲でなければ」という決まりはない。どんな曲でも共通して学べることはあるし、今ちょうど歌っている曲を例にすれば、子どもたちの思考の流れも自然。

　そしてここからが本題。「3つの要素のうち、残りの1つは何だと思う？ さっき歌った時にも、それが入っていたんだヨ」先生がフランクに畳みかけると、ある子が口火を切った。「歌詞？」「確かに。歌なら歌詞があるね」頷く先生だが、それは「3つの要素」の答えではない。「速さ？」「表情？」歌う時に気をつける箇所を振り返る子どもたち。「ドレミファソラシド？」と誰かが言うと、「それは旋律じゃないの？」と誰かがツッコミを入れる。子どもたち同士の応酬で話は深まっていくものの、正解には辿りつけない……「じゃあヒント出しちゃおう」と先生、再度『君をのせて』を奏でてみせた。冒頭のEmの和音を強調して弾くと……みんなの顔が、パッとひらめく。

名前はわからないけど、確かにそこにあるもの

♥「なんか」とは、「存在には気づいているけれど、それを表す言葉が見つからない状態」。名前は知らなくても、存在やその価値がわかっているのだから、理解度は80点ぐらい！
(→Q7　p.82)

♥正解がわかっていそうな子を指名するタイミングは重要。全員が充分に考える機会を保障しつつ、話を次に進めるべきタイミングで彼を指した。

　ある女の子は「メロディーと、なんかもう1個なんか……」ともどかしげに口走った。「『なんか』？ いいね、その表現！」先生は必死に言葉を探す彼女にことさら喜び、次の子にバトンタッチさせる。「伴奏……？」単語を探り当てようとするハナちゃんに「近い近い！」と逸る先生。それを受けて「前奏？」と別の方向に手繰る子も。「じゃ、演奏」「あはは」言葉を手当たり次第に並べ始めた子どもたち、「話が離れたじゃねえか！ 帰ってこい！」と次に指名されたのは、さっきから挙手していたクラス1のピアニスト・サイトウくんだ。「和音」すぱっとキーワードを出してくれた彼に、「そう、和音だ。ハーモニーとも言うね」と先生が頷くと、周りの子たちも「そうそうそれそれ！」「ああ、ハーモニー！ よく聞く！」とスッキリした顔を見せる。

　さらに「ハナちゃんは伴奏って言ってくれたけど、先生は伴奏も和音でしています」と付け加える先生。自分たちも的外れではなかったことを知り、ハナちゃんたちもほっとする。

48　第1章　音楽づくりの授業リポート

FILE 5 Ⅰ-Ⅳ-Ⅴ-Ⅰの旋律づくり

「単音」と比べることで「和音」を知る

「和音」の定義を固めていくために話を進める。「和音の反対の言葉は『単音』。和音と単音の違いは……」と、1本のトーンチャイムを鳴らしてみせる先生。シンプルなドの音に「単音っていうのは、こういう感じ」、続いて和音を鳴らそうとする先生だが、3本のチャイムを1人で鳴らすのはさすがに無理だ。「誰か手伝ってくれる？」そう呼びかけられ、意気ごむ子どもたち。

指名された2人が前に出て1本ずつチャイムを受け取り、「まずは単音で出してみるよ」先生からド・ミ・ソと個別に音を出す。「でも、これが合わさったら……」3人でいっぺんに鳴らすと、音楽室に響くⅠの和音。「おお～！」美しいハーモニーに、思わず声がもれる。

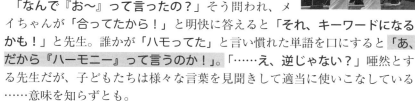

「なんで『お～』って言ったの？」そう問われ、メイちゃんが「合ってたから！」と明快に答えると「それ、キーワードになるかも！」と先生。誰かが「ハモってた」と言い慣れた単語を口にすると「あ、だから『ハーモニー』って言うのか！」。「……え、逆じゃない？」唖然とする先生だが、子どもたちは様々な言葉を見聞きして適当に使いこなしている……意味を知らずとも。

ハナちゃんは「いっぺんに鳴らすと『ド＋ミ＋ソ＝シ』みたいに別の音になるんじゃなくて、3つが混ざり合った音になって、それがいいっていうか……」と懸命に説明するが、その先の言葉を探しきれない。先生は「なるほど、ハナちゃんが言ったことをやってみよう」と頷き、ミのチャイムを持つ子を教室の端に、ソのチャイムを持つ子をもう一方の端に配置した。

ドを持つ先生と合わせ、クラスのみんなを囲む大きな三角形をつくり、そこで単音と和音を鳴らして聴き比べる。「おお～」自分たちを包む和音のサラウンド、単音との明らかな違いに感嘆。「一斉に鳴る音、いいね」「バラバラもいいけど、いっぺんに鳴るときれい！」歓声を上げる子どもたちに、先生は「ハナちゃんはこのよさを言いたかったのかな」と付け加えた。

活動2 和音進行を学ぼう

「合わない」と比べることで「合う」を知る

和音のよさを実感した子どもたちに、次の話題が提示される。「今つくった、ドミソの和音に合わせて歌ってみよう」そう言って、Ⅰの和音を連打しながら『春がきた』を歌い始める先生。「はーるがきーたー♪　はーるがきーたー♪」陽気な歌声が響くが、「どーこーにーきたー♪」で子どもたちは苦々しい顔に……「ちがーう！」「ヘンー！」「合ってない！」と大ブーイング。その渦中で、旋律と和音のミスマッチに気づかなかった子も「これは重大な問題なんだ！」と悟る。「ドミソの和音だけだと合うように感じるけど、旋律と合わせたらヘンになった……つまり、和音と旋律の関係も大事ってことだね！」まとめる先生に、子どもたちは「そうそう！」と頷いた。

「じゃあね、3つの和音を鳴らしてもらいましょう」並べられたトーンチャイムに、みんな「やるやる！」と情熱的。ド・ミ・ソを持つ3人、ファ・ラ・ドの3人、レ・ソ・シの3人、それぞれ「せーの」で鳴らしてみる。「3人

♪ ピアノだと単音も和音も1人で弾くので、遠目には何音鳴っているのかわかりにくい。トーンチャイムなら3人で3音を鳴らすから、いくつの音が鳴っているのかが一目瞭然。

♥ 大人には意外な子どもの知覚。子どもたちが主体的に発言するからこそ、そこに顕れる子どもの考え方を授業に活かせる。そのためにも子どもたちにはいっぱい発言させたい！

Q7　p.82

> ♥ 和音の名称は出さない。一度に与える情報が多くなりすぎるし、「Ⅰ」「Ⅳ」と説明を始めると、「なぜⅠとかⅣとか呼ぶのか」「2や3はないのか」などと学習のねらいから逸れた疑問が子どもたちを足止めしてしまう。
> ●Q7 p.82

> KEY PHRASE
> 「ダメだ〜！」と騒ぐ子どもたちだが、中には冷静に「何がダメなのか」「どうすればいいか」を考え始めている子も。その子たちに発言のきっかけを渡すことで話が先に進む。

> ♥ 2者を比べることで見えるものもたくさんあるし、「なんか違う」という漠然とした感覚が、理論的な学びの糸口になる。
> ●Q10 p.85

で1つの組み合わせ。仲が悪くても音を出す時は力を合わせてね」そう念を押され、顔を見合わせて笑う。

「和音の名前は後で伝えますが、とりあえず」ド・ミ・ソを「1つ目の和音」、ファ・ラ・ドを「2つ目の和音」、レ・ソ・シを「3つ目の和音」と称して話を進める。「順番に、4拍ずつのばします」先生の合図で、「1つ目の和音」「2つ目の和音」「3つ目の和音」と鳴らすと……聴いていた子どもたちは「なんか……」「最後が……」と座りの悪そうな顔をした。

「なんかヤダ」にひそむ真実

「え、『最後が』って？」と聞き返され、「4つ目が欲しい」「オレもそう思う」と口々に声が上がる。オオクボくんは「1つ目・2つ目・3つ目は1グループずつだから、4つ目は全員でいっぺんにやったら？」と具体的なアイディアも出してくれた。さっそくみんなでやってみるが……ドレミファソラシが一斉に鳴ると「ダメ〜！」「悪くはないけど〜」と再び沸く子どもたち。先生はそんな彼らに「言いたいことがある人？」と投げかけた。

カワゴエくんは「1つ目2つ目3つ目って来たから、2つ目1つ目って戻れば？」と並べ方を変えることを提案。先生は「なるほど」と頷き、「じゃあパターンAとBをやるから、その2つを比べてみて」と2点に絞った比較に導く。パターンAは1つ目2つ目3つ目……と来て、1つ目に戻るパターン（Ⅰ－Ⅳ－Ⅴ－Ⅰ）。トーンチャイムでやってみても、子どもたちは「ふ〜ん」としか言わない。その次にパターンB（Ⅰ－Ⅳ－Ⅴ－Ⅴ）を鳴らしてみると……「あっ違う」「これじゃない」「なんかヤダ！」鮮烈に表情が変わった。

「なんかヤダ？」オウム返しにする先生に「終わる感じがしなくなって、まだ続く感じ……」と説明するウッチー。先生は「続く・終わる、これはキーワードだね」と彼女の発言からポイントを拾い上げる。それを意識しながらもう1度、AとBを聴き比べ……すると、Aで改めて納得した子どもたち。「やっぱりいい！」「ちゃんと終わった感じした！」と感慨深い声が上がった。

活動 ③ 和音進行と旋律を合わせてみよう

実は自分たちの知ってる曲!?

「今の、1つ目・2つ目・3つ目・1つ目……っていうのは、ある曲の和音の並びです」と言う先生に、目をパチクリさせる子どもたち。トーンチャイムで和音進行を再度聴き「よく知ってる曲ですねぇ」と平然と頷く先生にますます焦燥する。「最近やった曲？」「なんだろ……」「わかった！」多くの子どもたちがひらめいたところで「教科書の『この曲だな』と思ったページを開いて、リコーダーで吹いてごらん」。トーンチャイム隊が鳴らすⅠ－Ⅳ－Ⅴ－Ⅰにのせて、正解を見つけた子たちが勇んで吹くのは……『茶色の小びん』。「ああ！」吹き慣れたメロディーと和音との確かな重なりに、正解がわからなかった子たちも頷き、みんなのリコーダーに合流し始める。

「メロディーと和音、合ってた？」「合ってた！」とみんなは大喜び。ところが先生は「ホントに？」と水を差す。顔を見合わせる子どもたちに「じゃあ、あえて2つ目の和音（Ⅳ）から行ってみようか」。Ⅳ－

> ♪ 考えたことをリコーダーですぐに試すためには、そのための演奏技能が必要だ。
> ●Q11 p.86

> KEY PHRASE
> 低学年でも高学年でも使える汎用的な問いかけ。
> ●p.21

50　第1章　音楽づくりの授業リポート

FILE 5　Ⅰ−Ⅳ−Ⅴ−Ⅰの旋律づくり

Ⅴ−Ⅰ−Ⅳの和音に『茶色の小びん』のメロディーをのせるが……「ヤダー！」「ぎゃああああ」「気持ち悪い！」とみんな大騒ぎ。続いてⅤ−Ⅰ−Ⅳ−Ⅴも試すが、やはり「ダメだよ」「痛い！」と悲鳴が上がる。

「やっぱり合わないね……」疲れた顔で溜息をつく先生と子どもたち。サイトウくんが「和音の音が、メロディーの音と合ってないから」と原因を突き止めてくれた。「そうだね。メロディーが『ミソーソソ』なのに、和音がファラドじゃトンチンカンだよな。こういうのを『合わない』っていうんだ」身をもってミスマッチを実感したみんなは大いに頷く。最後にⅠ−Ⅳ−Ⅴ−Ⅰに合わせて『茶色の小びん』をもう１度。旋律に合うことをしみじみ感じ、和音進行の重要性をとくと知る。それがこの１時間の、とても大きな収穫だ。

> ♪ 体験を通じて「和音と旋律が合うとはどういうことか」を知るのが授業の核心。だからこそ「旋律に合う和音と合わない和音がある」「ならば自分たちは和音に合う音で旋律をつくろう」という動機が生まれる！
> → Q9　p.84

第2時　本活動：30分

前時「和音とは」「和音進行とは」「和音と旋律とは、合う・合わないがある」ということを一挙に学んだ子どもたち。「いくつの和音を使ったっけ？」ホワイトボードを出しながら問いかける先生に「えっと、３つ？」子どもたちが記憶を辿って答える。前時と同様にトーンチャイム隊を募り、彼らが鳴らすⅠ−Ⅳ−Ⅴ−Ⅰに合わせて『茶色の小びん』を復習。「この前は合わないバージョンもやったね。でも今回は最初から合うので行きます」。

> ♥ 前時は実験や議論を経て結論を出したので本時はその振り返り・整理からスタート。活動内容は同じでも目的は異なる。
> → Q2　p.77

リコーダーで『茶色の小びん』の４小節を吹いてみて、「今のは合ってたね！」と頷き合う先生と子どもたち。その上で、先生は「まず、１つ目の和音は……」と五線譜の下段にド・ミ・ソと板書する。トーンチャイム隊にⅠの和音を再度鳴らしてもらいながら、「今鳴ってるのが、ドミソ」と口頭でも階名を確認し、さらに板書した音符の横にカタカナで書く。

> ♪ 音・五線譜・階名で丁寧に構成音を確かめると、どの子も状況を理解して話題にのれるようになる。
> → Q8　p.83

自分の言葉で和音と旋律の関係を語る

さらに、五線譜の上段に『茶色の小びん』のメロディーをかいつまんで書くと……「和音と旋律が合ってるの、わかる？」「わかる！」前回の経験を踏まえて頷く子ども

たち。「どうして合ってるって言える？」と問われ、改めて根拠に思い巡らす。「上の段の最初がミで、下の和音にもミが入ってて。次の小節ではファとラが和音に入ってて……それぞれ、最初に上の段の音が入ってる」旋律と和音を見比べ、１つひとつ説明するサトウさん。フジモンは「最初だけじゃなくて、最後の音も合ってる」と付け加える。さらに「たとえば……とにかく、(小節ごとに)最初と最後が合ってるから……一致感？　ていうか」自分の考えを伝える言葉を懸命に探す彼の一言一句に、先生もみんなも真摯に頷く。「うん、わかるわかる。だから『まとまる』んだよね」先生は同意し、彼が探していただろう言葉を示した。

「みんな、よく考えられるねぇ！」深い思考と意欲を讃えて「２人が言ったこと、なんとなくわかった？」と全員に問いかけた先生。「うん」「うん」ニコニコ頷いた子どもたちに、次に投げかけられたのは……「じゃあ、みんなが考えた法則を使って曲がつくれそう？」。ここまでの１時間で和音と旋律の法則を見つけ出した子どもたちは「やるやる！」とすっかり乗り気だ。

活動 4 旋律をつくるためのヒントを考えよう

みんなの「文句」「アドバイス」で、つくる手順が見えてくる

「先生、つくってみる。和音に合ってるか聴いててね。絶対合ってる自信あるけど！」胸を張って例示する先生にわくわくする子どもたち。だが……

「できたー」はしゃぐ先生だが、「えーっ」「つまんねえ！」と大不評。「文句ある？」と先生が問うと「はい！　はい！」と手が上がった。

「曲じゃなくて単音じゃん！」とはオオクボくんの「文句」。肩をすくめた先生が「じゃあ、どうしたらいい？　先生にアドバイスちょうだい？」と乞うと、イノモトくんは「１つの音じゃなくて、２つ３つ使うといいと思う」と進言してくれた。「やってみます！」と意気ごむ先生、だが と吹き始めると、次は「『茶色の小びん』と同じに聴こえる」と不満が。「それならリズム変えればいい」とはリリちゃんのアドバイス。「わかった！　ミとソを使うけどリズム変えるわ！」元気に返事した先生が、次に出した案は……

「前よりいいね」と頷くみんなに、先生は「上から目線だなぁ」と苦笑。

それから、別の視点からヒントをもう１つ。「１小節目（I）を３つのパターンで吹くよ。この３つには共通点がある」と呼びかけ、リコーダーで示す。

続けて「声で歌うよ。１つ目、ミーソ♪　２つ目、ミーファソ♪　３つ目、ミーレミーファソ♪」と階名でも伝えると、「共通点、わかった！」と手が上がった。「ミで始まってソで終わる」それに頷く先生。「でも、その間を変えられるんだね」。

「もちろん『ミーソ』がダメなわけじゃない。でもリリちゃんが言ったように『ミーミミーミソ』ってリズムを変える手もあるし、『ミーファソ』って違う音を使う手もある」シンプルな旋律に手を加えるためのアイディアが、子どもたちとのやりとりによってどんどん貯まってくる。

和音にない音でも、絶対合わないわけじゃない

一方、それを逸脱したケースの提示も。「これはどうよ。ファーソ♪」「合わない」「ヤダ」と即答するみんな、「最初の音が和音と合ってないから」としたり顔で解説してくれる。ただ……「そうだね。だけど、完璧に和音の音から始めなきゃいけないきまりもないんだ」と、先生は旋律と和音の不思議のもう一方にも光をあてる。「たとえばレから始めてみる」と先生、トーンチャイム隊が鳴らすド・ミ・ソの上に とのせるが……確かに違和感は少ない。先生が伝えたいのは「和音にあてはまる・あてはまらないだけでなく、実際の音を聴いて合う・合わないを判断することも大事」ということだ。

つくるための材料は出揃った！

「これから旋律をつくるのに、みんなが言ってくれたことがヒントになりそうだね」と先生、今までのやりとりで出揃ったポイントを板書で整理する。

KEY PHRASE
あえて極端に単純な例を提示し「文句を言わせる」「解決策を求める」という形で意見を募るのは、活用範囲の広いセオリー。
→ Q9　p.84

♪ このやりとりの目的はもちろん、経過音を伝えること。だが「ミとソの間にファを入れることもできます」と説明はせず、複数の案を例示して共通点を探り、子どもたちが自ら経過音を見つける学びのスタイルをとった。

♪ 子どもたちもまずはシンプルな旋律をつくるだろう。その変化のさせ方を先に提示し、困った時に使えるツールを並べておくことで、不安の種を減らす。
→ Q5　p.80

♪ レはドの倚音（ドに向かう非和声音）、Cの和音の9thとして処理できるから。とはいえそんな理屈を説明する必要はもちろんない。

♥ 対話でアイディアを出す時間、それを整理してまとめる時間を分ける。

52　第１章　音楽づくりの授業リポート

FILE 5 Ⅰ-Ⅳ-Ⅴ-Ⅰの旋律づくり

みんなのアイディアを丁寧に書き上げる先生に、誇らしげに頷く子どもたち。

さらに先生には思い当たることが。「こういうの、4年生でやったよね」そう言って先生が描く図形には既視感がある ●音型の分析 p.44 。「やったやった！」弾んだ声が上がるが、「でも、いろんな形を使い過ぎるとまとまりがなくなるよ！」とも先生は忠告する。

> **和音とメロディーの関係を考えると**
> つくる時
> ●はじめ、終わりの音は和音の音から
> ●使う音をふやす→音の流れ
> ●リズムを変化

♪ 使う音を条件として明示しないのは、ここまでの流れで「和音に合う音を使う」という必然性を子どもたちが見出しているから。
●Q9 p.84

♪ 「和音に合う旋律をつくる」ならば、実際に和音が鳴る中で作業する。五線譜の上だけで音符を並べるなど「音を聴かない方法」ではなく、「音で試す」「音で確認する」ことが音楽科には不可欠。

♪ 和音伴奏はiPadのアプリ・GarageBandで作成。iPadをBluetoothでアンプにつなげてスピーカーで出力している。だが、それらがなくてはできないわけではない。先生が弾いたものをオルガンの録音機能でループ再生するなど、それぞれの現場で工夫を。

活動 5 和音進行に合う旋律をつくろう

和音に合わせて旋律をつくるなら、和音の中で作業をする

「じゃあ、自分たちの旋律をつくってみようか。1人1小節をつないで、4人で4小節」。席順で機械的に4人班が割り振られると、ここまでの1時間半でつくるためのヒントをすっかり得ていた子どもたちはさっそく動き出す。

彼らを見守りつつ、先生が鳴らし始めたのはⅠ-Ⅳ-Ⅴ-Ⅰの伴奏音源。延々と反復するそれを背景にしながら、子どもたちはそれに合う旋律を考えたり、実際にリコーダーで吹いてみて試行錯誤を繰り返したりする。

♥ 苦手意識がある子も取りかかりやすいきっかけを提示。当事者も前向きになれるし、周りの子たちもどうサポートしたらいいかがわかりやすくなる。

なかなか動けない班には「まず順番を決めて。自信がない人は最後にして、とりあえず終わらせればいい」と先生。「で、なんとなくできたら教えて」その言葉で肩の荷が下り、約1分で「なんとなくできた！」と声が上がった。

「とりあえずできた」がスタート

さっそく聴きに来た先生に、彼らが披露したのは……。

「いいじゃん。今の採用！」さらに「みんな、できたから聴いてみて！」と呼びかける先生。当人たちは「もう!?」と焦りつつ、誰よりも早くできたという誇りをかき立てられる。ただ先生は一言付け加えた。「今はとりあえずできたところ。ここまでよく進められたと思う。でも、まとまりはないです。それは理解してあげて」。彼らがみんなに作品を聴かせると、「すげえ！」と歓声も上がった。小節のつなぎ目で隣の音にバトンタッチするスムーズな旋律、ただしリズムの性格はバラバラだ。先生はニコニコ頷きつつ「統一感あったよね！ でも、全体をみるとまだまだできることがあるね」と冷静に評価する。しかし、先生はさらに大切なことを指導した。「でも一番大事なのは、まず音を出してみたり、『こうしてみようよ』って言い出したりしないと、その先には決して行かれないってこと！」。

♥ 手放しで褒めるだけでなく、取り組むべき課題があることも伝える。
●Q15 p.90

♥ 大事なのは「まずは試してみる」「まず音を出してみる」ということ。
●Q3 p.78

53

FILE 5 の続き　音楽を「完成」させていく子どもたちのドラマ

FILE 5 で和音の知識をすっかり習得した子どもたち。この後は 4 時間をかけ、I－IV－V－I の和音進行にのせた 8 小節の旋律をつくり上げる活動へ。取りかかりから完成・発表まで、子どもたちの 1 歩 1 歩を追いかけてみよう。

第 3 時　　本活動：30 分

夏休み明けは少し長い復習から

7月に和音の学習（p.47）を終えてから、夏休みを挟んで 9 月。席替えを経た 新しい班 で改めて旋律づくりに挑む。まずは 7 月の復習、みんなで発見した和音のことや旋律づくりの取りかかり（使う音）、つくるためのヒント（経過音やリズムの変化）……これから 1 人 1 小節・4 人で 4 小節をつくるにあたってみんなが躓きそうなことや、そこで使えるアイディアを並べる。

さらに先生は「4人バラバラがいいのか、揃えた方がいいのか……これもポイントだね。たとえば みたいなのじゃ、最後が浮くだろ？」先生がリコーダーで吹く例に「確かにおかしい！」と笑いが起こる。一方で「でも『それが僕たちの売りです』って考えがあるなら、それはそれでいいと思うんだな」とも。「みんながまったく同じでも逆に飽きちゃうかもしれない。だから変化も必要」。

約 15 分の復習の後、前時も使った伴奏音源（p.53）をループ再生し、グループ活動へ。和音が鳴り出すと頭も作業モードに切り替わる。「順番どうしよう？」「オレＤ！」さっそく相談する彼らに、先生は「困ったら先生に言うこと―！」と呼びかけた。

ステップ 1　旋律の骨組をつくる

まずは基本形をつくることから

1 班

その足で 1 班を覗いた先生。作業開始からわずか 1 分半、先生は彼らの状況を見て「できました！　みんな聴いてくださーい！」と呼びかけた。焦ったのは本人たち。「無理無理無理無理！」と悲鳴を上げるが、集まる他の班の視線や「行くよ！　1・2・3・4」と強引に進める先生に腹をくくった。

見事に 4 小節をつないでみせた彼らに拍手が上がる。「まだ全然できてないのに」とぼやく彼らを、先生は「いいじゃん、できてたもん！」といなした。「確かにミだけとかファだけとか、まだ素のままだもんね。でも、とりあえずつなげるところまでできてたからさ！」0 からまず旋律の骨格をつくり上げた、彼らの重要な第 1 歩を先生は共有して讃えたかったのだ。

※サイドノート：

- このクラスは学級経営が良好、みんな誰とでも仲よくできる。だからグループ分けも特別な配慮をせずシンプルに。　Q12　p.87

■グループ分け（席順）

- まとまり・つながり・終わりをつくる。　Q10　p.85

- 本時のグループ指導は「先生が各班を回る」形式。　Q16　p.91

- 本人たちは「まだできてない」と言っても、先生は「ある程度できているな」と思える状況。　Q16　p.91

- まず形をつくり上げた班を取り上げ、「こういうのをつくればいいのか」と全員に確認させる意味もある。　Q16　p.91

「これを基本にして、崩していってごらんよ。たとえばミミミミーをミファミファミーにしたり、ミーミファソーって行ったり、いろいろ試してごらん」
彼らの次の行き先を独り言のように呟いて、先生はこの班を後にした。

> 7班

Cさん役の男の子が戸惑っていた7班。「AさんBさんの2人、すごくいい。最後、下がっていくのもとってもいいね」と3人を労いつつ彼の支援に入る。「まず、最初の音を決めよう！」と着手した先生、前後の音域に合わせ、「とりあえずシがいいかな。シを吹いてみて」と指示。すると……

「4小節がつながり、1つの旋律になった！」 Cさんの彼も他の3人もホッとする。「そしたら次はシから動いてごらん。シーシシとか、シシシドレーとか」取りかかりさえつかめれば、子どもたちの試行錯誤はどんどん加速する！

ユニークなアイディアは秘密にしておくのも大事

> 5班

不思議な音を聴きつけて、5班にやってきた先生。「とってもいい音、流れてたよ！」そんな彼らの現状はこんな感じ！

「誰のアイディア？」弾む声で問われ、「フジモンがふざけてやったの」「そしたらみんなもまねして」ばつが悪そうに、それでいてどこか誇らしげに語る子どもたち。「うん、みんなの統一感が面白い」先生は楽しそうに頷き、「じゃあ1回目は"トゥルトゥル"ないバージョン、2回目はトゥルトゥルあるバージョンで繰り返せる？ そうしたら変化が出るじゃん！」とけしかけた。

> 中間発表

間もなく授業時間終了。「もうみんなに聴かせられそうな班があるので、聴いてもらいまーす！」と先生が呼びかけて中間発表。

> 7班の発表

先の戸惑いは跡形もなく、流れのある4小節になっている。「しっかりつないだじゃん！」先生も太鼓判を押し、彼らの進化を讃えた。

> 5班の発表

"トゥルトゥル奏法"を編み出した5班の発表前、先生は彼らに耳打ちした。「あえてトゥルトゥルなしバージョンでやって？ きっとみんなまねしちゃ

うから」先生の企みに合点し、彼らは意気揚々と発表してみせた。

「いいね！」何も知らない他の班のみんなは、シンプルな作品に拍手。

作業経過を「自分にわかる方法」で書き留めておこう

他の班も4小節の骨組ができ、それぞれにリズムや音の追加を始めているよう。「ちゃんと聴けた人、拍手あげてくださーい！」先生の呼びかけで拍手がわき、本時の締めくくりへ。「次回再現できるように、今吹いたのを何らかの形でノートに残しておいて」と先生。子どもたちはカタカナで階名を書きつけ、自分で「よし！」と頷いてノートを閉じた。

第4時　本活動：20分

ステップ2　4小節をつくり上げる

この日もグループ活動で旋律づくりの続き。教室の前半分に座っている子たちには、椅子を持って前方のスペースに広がり、ゆとりをもって空間を使うよう指示が出された。先生は前時と同様、各班の動向を見回りに行く。

班ごとの特徴ができてきた！

10班

きれいな形ができ上がった10班。先生は「君たちの特徴が見えてきた。……何か、題名がつけられそう」と呟いた。「特徴、何だと思う？」そう問われて、改めて自分たちの作品に思い巡らす。「……音が似てる？」「あっ近い。『低い音でうまくまとめてるな』って思ったの。他の班はみんなわりと高い音に行ってるから」その言葉で自分たちの個性を初めて知った子どもたちが顔を見合わせる。「だからそこが、この班ならではのすごーくいいところだと思う。大事にしてごらん」微笑む先生に嬉しそうな子どもたち。

一方「じゃあ（3小節目で）シに行かない方がいいかな」と思い直す子も。先生はそれには首を振り「無理に変えなくていいんだよ。さっきのを大事に活かせばいい！」とも付け加えた。

5班

「すっごく面白いことやってる！」と声を躍らせる先生に、「和音になると

♥「次回再現できるように」という目的だけ掲げ、書き方は任せる。
→Q8 p.83

♥近くの班の話し合いが耳に入り、影響を与え合ってしまうので席を離した。一方前時は取りかかりの段階で、行き詰まった班が「盗み聞き」をヒントにするために、あえて席を離していない。別の部屋への移動はしない。目が行き届かなくなるし、状況を共有して議論することもできないから。そもそも子どもはいつも賑やかな教室で他の子を気にせず遊んでいるのだから、この場の騒がしさも気にならないはず。

♥この思いつきが、第6時の「題名をつける」活動 →p.62 のアイディアになった。
→Q4 p.79

♥他の班との相違点は、子どもを見取る時の1つの焦点。
→Q19 p.94

♥教師の何気ない感想を「先生に言われたからそうしなきゃ」と捉える子も。教師の発言が感想・アドバイス・指示のどれなのか、子どもがどう受け止めるかを気に留めて。

♪「和音進行に合わせた旋律」が大人側のねらいだが、第1時で経験した「和音ってきれい！」という感動を、旋律自体を和音にすることでも表現したいと思ったのだろう！

FILE 5 Ⅰ−Ⅳ−Ⅴ−Ⅰの旋律づくり

キレイでしょ」と得意げな彼ら。先生は「ああ！」と頷きつつ、「なら、重ねる時の音量に気をつけてごらん。Ａさんの音でＢさんが聴こえなくならないように」と付け加えた。音量は彼らにとって盲点だったよう。「なるほどー！」とさっそく取りかかってみる。

9班

「いいじゃん。リズムがすごく揃ってる。統一感があるね！」と讃えた先生。１小節目と２小節目・３小節目と４小節目での統一と、前半・後半での変化の対比、とても整然とした構造だ。満足げな子どもたちは「１つできたから、２つ目をつくってもいい？」と質問。しかし先生は「ううん、この１つを大事にして、もっとよくすることを考えてみて」と首を振った。

自分たちもつくったから、友達の気持ちがわかる

中間発表

　６分程度のグループ活動を経て中間発表へ。その前に「聴く人は『ここいいな、まねしてみたいな』っていう視点と、『もし僕がここの班にいたら、こうしたいな』っていう２つの視点をもって聴いてみて。でも、批判じゃなくてね」と、聴く側のスタンスが言い渡される。「それに今は最後の発表じゃないから、ミスをしても全然気にしないで。だけどこの場で最大限にうまくやるんだよ」。発表する側の気構えにも触れ、子どもたちは心の準備をする。

10班の発表

　冒頭のドで音が震え、曇った顔を見て「もう１回行こう！」と先生。「えっ、いいの？」与えられたチャンスに、今度はしっかり構えて最低音のドを出す。

「わー！」みんなから上がる歓声にホッとする面々。オオクボくんは「自分なりの感想だから、意味わかんないと思うけど……」とためらいつつ、「なんというか、自然」と続けた。「自然!?」「やっぱり意味わかんない！」首を傾げる一同だが、何やらピンと来たらしいハナちゃん。「『自然』っていうのは……低めの音で、優しい感じがしたからじゃないかな」と自分の感触も交えて読み解いた意見に、「ああ！」と納得の声が上がる。「それをオオクボくんは『自然』って言ったんだね。ハナちゃんのおかげでつながった！」先生も彼女に感謝、さらに「低い音って出にくいよね。でも２回目はきれいに出せたね」と、２度の挑戦で低いドを美しく出したオオヌキさんにも微笑んだ。

　「あっ今、『自分だったらこうする』っていうのを聞かなかったね。でも、みんないいポイントをいっぱい見つけられているから、『自分だったらこうする』は言ってもらわなくてもいいかな」と、先生は発問を撤回した。

"トゥルトゥル"が巻き起こしたセンセーション

　「続いて、２つ目の班……」先生が立候補を募ろうとすると、「はいはいは

♥ 次は４小節を８小節に発展させるので、考えが散らないよう第２案は却下。それに今回はじっくり考えてつくり上げる題材だから、たくさんつくればいいというわけでもない。１つの作品を磨き上げることも貴重な学び。
→ Q13 p.88

🔑 KEY PHRASE
この発問で「現状・問題点・伸ばすべき特徴」などを分析しながら聴ける。ただ、ともすれば批判的になるので、聴く視点をもてているならこの発問は強調しない。

♥ 「失敗したらどうするか」をあらかじめ伝え、子どもの不安を軽くする。とはいえ端からいいかげんにやるのではなく、発表に対して誠意をもってほしい。
→ Q16 p.91

♥ 「彼が本当に言いたいことは何だろう？」と懸命に探ったハナちゃん。相手の真意を察することは、人を慮ることそのものだ。

♪ リコーダーの最低音のドは、出すだけでも難易度が高い。それをあえて選んだことにも労いを。
→ Q11 p.86

57

> 「静かにしなさい！」ではなく、子どもたちにとっての「静かにするメリット」を提示。
> Q6 p.81

い！」とものすごい勢いで手が上がる。「4人全員が手を上げているところにしようね。じゃあ5班」先生が指名を終えても騒がしい子どもたち。「切り替えを早くしたら、いっぱい発表ができるよ」と言い渡されて、すっと静まる。

5班の発表

「なにこれ！」「なしでしょ！」大騒ぎのみんなに「うふふふ」と笑みを浮かべる彼ら。先生は「実はここに至るまでに、いくつかステップがあったんです」と説き、「トゥルトゥルがないやつ、やってみて？」とリクエストした。

> 本来の課題からかけ離れた作品なので、あえてここに至る過程を発表。「みんなと同じ課題にちゃんと向き合っていたんだよ」と確認するためでもあるし、その裏にある考えを共有することで、突飛な作品にも共感できる。

今の音とは似ても似つかない、でも確かに同じ旋律の流れ。Ⅰ－Ⅳ－Ⅴ－Ⅰの和音進行とも合う原型に、聴き手の子たちも「ああ……」と頷く。「これがステップ1。で、次がちょっと変えたステップ2」

「なるほど！」変遷を辿り、納得した子どもたち。「で、音を重ねることを思いついた」「和音にしたのか！」誰かの呟きに頷き、先生が仕切り直す。「今は4小節の旋律をつくることをまず目指してたよね。で、それができたから、音を重ねたりしてステップアップしたんだ。でも、全員がここに行かなくても大丈夫だから！」その言葉に、4小節をやっとつくり上げた班も安心する。
「なぜこのトゥルトゥルを入れたの？」先生にインタビューされ、「僕がふざけて入れたの」「そうしたら、面白くて」「みんながまねしちゃったの」とはにかむ5班の面々。「なんで面白いと思ったの？」という質問には「ゴリラがウホウホってやるのまねだったんだけど」……しかし先生はそれにも頷き、「先生はこれを否定しないし、面白いなって思うけど、大事なのは自分たちで『面白いな』と思ってやってること！」と締めた。

> きっかけは遊び半分でも、いろいろ考えたり、みんなで相談したりしてこの表現に辿りついたのならそれでいい。だからこそ周囲も彼らの表現に納得し、共感できる。

でも、シンプルなのも素敵！

2班の発表

その次は2班。3人しかいないが1人が2役を担って頑張っている。

「シンプル！」と声を上げたのはオオクボくん。「なんでそう感じた？」先生に問われ、「5班のトゥルトゥルみたいな細かい音がなかったから」と彼が答えると「それを先に聴いてたから！」「5班よりも複雑じゃなくて聴きやすかった」と他の子たちが追従する。サトウさんは「音があまり飛んでなくて、音階っぽかった」と別の視点からアプローチ。「先生も、音の流れがすごくきれいだと思った！」と頷き、先生も「旋律の滑らかさ」を価値づけてみせる。
「次の班……」「はいはい！」相変わらず積極的なみんな。時計を見た先生

> ♪ 発表順も大切。5班の複雑な作品の後だからこそシンプルさが際立ち、「シンプルも素敵」と思えた。

58　第1章　音楽づくりの授業リポート

> 3つの班の発表を経て、子どもたちは聴く視点を理解した。だから話し合う時間がなくてもしっかり聴く。全員に均等に時間を割かなければいけないわけではない。必要に応じてメリハリをつけた方が集中も保てる。

は「この後は、意見を言う時間を取らずに続けて発表します」と言い渡した。

彼がラを選んだ理由

4班の発表

3つの班が立て続けに発表し、続いて4班が演奏した後「ん？」と何か引っかかった先生。「もう1回やってみて？」と乞い、再度注意深く耳を傾ける。

> **KEY PHRASE**
> ミスでその音が出てしまったのか、あえてその音を選んでいるのか、判断に迷った時はもう1回やってもらえばいい。2回目も同じように吹いているなら、それはあえてそうしているということ。

「ああ、最後はあえてラなんだ！」2回聴いて合点した先生が声を弾ませた。「どうしてラにしたの？」とわくわくして問いかける先生。言い渋るイノモトくんの周りで、他の子たちが「面白くしたかったから」「ラが好きだから」と先に答えようとする。その雰囲気に押され、ますます言いにくくなった彼がぽつりと告白したのは「……なんとなく、指がそこに行ったから」。

> ♪ ソプラノリコーダーにとって「ド→ラ」は自然な流れ（左手人差し指を変えるだけ）で、納得も共感もできる。子どものこんな観点にも寄り添い、価値づけてあげたい。
> ○ Q11 p.86

周りはずっこけるが「あ、そういうことか」と先生。「『茶色の小びん』も最後はドでしょ？ みんなも最後をドにしてることが多いし、先生も最後はやっぱりドかなって思ってた。だからラが来てびっくりした！ でも自分たちが『ラがいいな』と思って選んだのなら、ラで押し通していいからね」。先生の言葉に、イノモトくんも4班のメンバーもクラスのみんなも頷く。

第5時 本活動：20分

ステップ3 旋律を完成させて、全員で4小節を吹く・8小節にのばす

試すことにもやがて終わりがくる

> **KEY PHRASE**
> この指示の真意は、作品として完成させるということ。
> ○ Q13 p.88

「前回までは、いろいろ試しながらつくってもらいました。みんな何度も試してたでしょ？ それは、とってもいいこと」と試行錯誤を讃える先生。でも、これからはその先へ進む。「今日は『何度やっても同じ演奏になるように』練習してください。作品にして発表する時には、いっぱい試した中から『本番はこれで行くんだ』って1つに決めなきゃいけないよね」凛とした先生の口調に、子どもたちの背筋も伸びる。

> ♥ 本時は前時までと異なり、子どもたちが先生を訪れる。だいぶ旋律が仕上がり、先生がサポートしなくてもそれぞれ動けるようになっているから。
> ○ Q16 p.91

「4小節ができたら、先生に聴かせに来て。早くできた班には先の課題を与えます」と先生。「じゃあ班に分かれてスタート」と合図が出た途端にやってきた7班。前時のうちに自信作の4小節ができ上がっていたようだ。

次の課題① 全員で4小節を吹く

7班

最初はCさんが戸惑っていたこの班。高いドから始まっていた旋律が音域を下げたのは、中間発表で低音域が話題になったからか。一方「シで ○ p.55

始めて音をのばす」というCさんの原案は、逆に旋律の山となって輝く。8分音符を主にした中で唯一の長い音なのも粋なポイント。「4小節、ばっちりできたね！ じゃあ今のを全員で吹ける？」と次の指示が与えられる。

彼らを見送った先生が「7班」のカードをホワイトボードに貼ると、それを視界の隅で認めたみんなの目が光る。チェックを受けた班から貼られるカードは、当該班にとっては誇りの証であり、まだの班には「自分たちもうかうかできないぞ！」という刺激になる。

> この課題から「自分の1小節を他の3人に教え合う」というコミュニケーションと、「仲間がつくった旋律を上手に吹いてあげたい」という練習の動機が生まれる。

> 進捗状況を明示するのは、先生自身が各班の状況を把握するためでもある。なかなかチェックに来ない班にはサポートに行く。
> ◯Q16 p.91

[3班]

3人組の3班、うち1人が2小節を受け持った。1・4小節目が対称のきれいな流れに「完璧！」と先生。「これを全員で吹いてごらん。今は1人ずつバラバラに吹いてるじゃん？ だから、全員で今の4小節を吹いてほしいんだ」彼らに出されたのは7班と同じ課題。さらに「そのためにはどうしたらいい？」と問いかける先生。彼らは「まず、紙に書いて練習して」「全員のを覚えて」「それで、息を揃えて……」と、それを実現する手順を考え始めた。

次の課題②　4小節を8小節にのばす（Ⅰ－Ⅳ－Ⅴ－Ⅰ－Ⅰ－Ⅳ－Ⅴ－Ⅰ）

[5班]

自称「トゥルトゥルブラザーズ」。旋律自体は変化していないが 、先生は演奏を聴いて「とってもいい！」と歓声を上げた。喜ぶ子どもたちに「どこがいいと思ったんだと思う？」と逆質問。「……？」「ヒント。あるものが、きれいに揃ってた」それにすぐ思いあたった彼ら。「トゥルトゥルの量！」「大正解！ それが揃ってるから、面白いというより『きれいだな』って思えるようになった」技術と頑張りを褒められて「イエーイ！」。前回、先生に音量をアドバイスされたことをきっかけに、彼らは奏法の追求を続けていたのだ。

「でさ、今4小節できたでしょ。あと4小節追加してみて？」次の課題に考えこむ子どもたち。「まったく別のものをつくる必要はないよ。今のを活かして、これをシンプルにするのもいいよね」「ほうほうほう」何やらイメージが湧いてきたよう。「やってみる！」と彼らは元気に宣言した。

> KEY PHRASE
> 現状を褒めた上で問うと、子どもたちも建設的に考えやすい。「Yes, and」を心がけると、気持ちよく実り多い発問ができる。

> 「複雑な班にはシンプルに・シンプルな班には複雑に」という方向性でアドバイス。互いに自分にないもの・相手がもっているものに取り組むことで、互いのよさにも改めて気づくだろう。

音楽的な意図は仕草にも顕れる

[6班]

Cさんのカンちゃんが、意図的に勢いよくリコーダーを吹いていることに気づいた先生。「……ねえ、ちょっと変えたでしょ」「うふふ」以前は彼の箇所だけレガートだったが、他の小節では休符がポイントになっていることに気づき、それに合わせたよう。「音ののばし具合が前はもっと長かった。今、ズバって切ったよね。面白いじゃん！」そう言い当てられ、笑顔を浮かべる。

先生は「あと4小節追加してごらん」と他班と同じ指示を出す。ところが

> 思いや意図は音だけでなく、演奏の仕草に顕れることも。また「休符を活かす」「音を短く切る」という発想は他の班では出ていない。些細な違いを拾って価値づけてあげたい。

FILE 5　I－IV－V－I の旋律づくり

「また ABCD の順番でやるの？　順番変えてもいいの？　反対からにするとか」と質問が飛び出した。「いいね、面白いね！」先生は他の班とは別のルートを見つけ出した彼らには何も言わず、先を委ねることにした。

先生は意外とみんなを見てるよ

ところで「全員で 4 小節を吹く」という課題をもらった子どもたちは……「次はド・ソド・ソド・ソドって」と、階名で歌っては旋律を教え合い、カタカナでノートに書きつける。「えっと、ファファファファで、ファは 4 回」

と音を指折り数えたり、手拍子で拍をとりながら仲間に指導したりする子も。

ノートに書けたら、リコーダーで吹いて間違いを確認したり、互いに書き写したりして仕上げる。あちこちの班から聴こえる歌声や教え合う声は、教室の端で各班のチェックに明け暮れる先生の耳にも届いているようだ……。

他、1 班・10 班・9 班・4 班・8 班・2 班も順に先生を訪れ、4 小節をしっかり完成させた。それぞれの課題をもらい、着実に駒を進める。

中間発表

中間発表の前に「先生はずっとここにいたけど、みんなを見てないようでけっこう見ていましたよ。頑張ってつくり上げようとしてるし、教え合う歌も聞こえた。よくやってると思う」と先生。グループ活動では先生の目が自分に行き届いているかを実感できないもの。子どもたちはその言葉に、安心感と「先生が見てるからしっかりしなきゃね！」という心地よい緊張を抱く。

困難から生まれた音楽的なアイディア

8 班の発表

彼らの発表に拍手が起こった後、先生は経緯を説明する。「この班からは 2 つ相談がありました。1 つは『こうやりたいけどリズムが難しい』って。でも、うまく演奏できなくても『こうしたい』って気持ちが大事だと思う」そう語る先生に子どもたちは神妙に頷く。「それから、ウエシマくんが『ドソミドって下がって終わりたいけど、下のドがうまく出ない』って」「ぷっ」素朴な悩みに思わず噴き出すみんな。だが先生と彼が「だから『上のドに行っちゃえば？』ってね」と頷き合うと、その意外な解決方法に目から鱗が落ちる。

「みんな終わりで音が上がってたから、ウエシマくんも上がったのがいい」とオオハシくん。ハナちゃんも「大体の人って最後は下に行きたくなるのに、あえて！上に行ったのがいい」。「あえてっていうか……」「でも、それがいい！」少しばつの悪そうなウエシマくんに力説する彼女と、それに大きく頷くみんな。紆余曲折が生んだ彼のオリジナリティ、その音楽性を一同が讃えた。

一方「5 班がやってた、連射するやつ」「トゥルトゥルを使ってた」という別の切り口の発見も。それに頷き「なるほど。でもさ、5 班の連射とタイプが違ったよね」と共通点と相違点を整理する先生。「うん。リズムは全然違った！」と、いわば「まねの仕方のオリジナリティ」にも関心が集まる。

61

「それから、もう8小節できてるところに聴かせてもらおう」。テンポよく進んでいる班にもいくつか発表してもらい、作業ペースの目安や目標にする。次時は全部の班が8小節に仕上げ、いよいよ最終発表を行う。

第6時　　本活動：30分

8小節ができてなくても焦らなくて大丈夫

ついに最終回。「各班で8小節を練習してくださーい。その後、発表に行きます！」先生の呼びかけに子どもたちも気合いが入る。

また、前回「4小節を全員で」というステップで留まっている班は、この短時間で8小節にのばさなくてはならないが、彼らはそのための方策をいくつも持っているので心配はない。「全員で4小節吹けるようになったんですけど、8小節にするならそれを2回吹けばいい？」「それでいい！」自分たちなりの解決策を提示する彼らを、先生は強く肯定する。

♪ いつそれを学んだかというと、1音アドリブ ➡p.37 など。

> ステップ4　　完成した作品を発表！

作品の特徴から題名をつけてみよう

先生は発表の前にちょっとした課題を出した。「それぞれの班の特徴があるよね。音のつながりとか、リズムとか……それが伝わる題名を、自分たちでつけてくれない？」。そう投げかけられ、1分間で話し合う。作業を通して特徴を振り返るのが目的なので「題名は発表しなくていい」と先生。でもせっかく考えたら言いたくなるもので……「先生先生、私たち『爽健美茶パン』！」とある班。「な、なんで？」と問い返されると、「最初のリズムは爽健美茶（のCMソング）に似てるし、『シラファミ』って日本っぽいところがあるからジャパン。で、くっつけた！」と、音楽的な根拠を交えて熱く語ってくれた。

さらに「これからの発表でも、聴く人は自分なりに題名をつけて！」と先生。子どもたちは気軽で楽しそうな課題に張り切って、聴く体勢を整える。

♥ 「題名をつける」ことをきっかけに、今まで語られなかった思考が表面化した！
また、できた作品を振り返って題名をつけるのと、音楽をつくる前に題名から決めるのとではまるで意味が異なる。後者は「音楽的な根拠ではなく、言葉をもとにした音楽づくり」になってしまう。

♥ 「題名をつける」という聴き方は、長々と感想文を書くよりも手軽な感じがするが、そのためには注意深く耳を傾け、特徴を見出さなければならないので意外と思考が深まる。

テンポを変えることで見えてきた思い

1班の発表

勇んで登場した1班。いつもの伴奏音源に合わせて吹いてみせるが、不本意そうに顔が曇り……聴いている子たちも「彼らは一体何がしたいんだ……？」と眉をひそめる。「ダメだ！」「ぐちゃぐちゃになった！」と悔しがる彼らを、先生は「テンポが遅かったんじゃない？　ちょっと速くするから、もう1回やって！」と励ました。アプリの機能を効果的に使えば速度の変更も自由自在、伴奏をアップテンポに変えて再度演奏してもらうと……

♪ 伴奏のテンポや強弱を変えることで、作品にこめた考えが浮かび上がることもある。そのためにも伴奏はできるだけ柔軟に対応してあげたい。

62　第1章　音楽づくりの授業リポート

テンポが上がったことで弾むリズムが活き、彼らがやりたかった裏拍がきちんと入った！　今度は拍手を受ける顔も誇らしげだ。

先生も自分なりに題名をつけてホワイトボードの隅に書く。先生の題名は『ッタッタ』、子どもたちもそれを見て要領を得る。「僕は『裏拍』にした」とある子。1班の面々がやりたかったことは、確かに聴き手に届いたのだ！

「ドで終わらない」ことで、続く感じができた

4班の発表

「いいじゃーん！　面白いね！」8小節にのばすにあたり、元の4小節を前半・後半に分けて活かした　p.59 。それに4小節目の終わりはドではなくミ。「**最後の音、ミにしたんだね**」とイノモトくんに話を振る先生。以前、成り行きから「ラで終わらせる」という案を出して好評を得た彼は、「ドで終わらせる」という固定観念からむしろ身軽に飛び出せたのかもしれない。「続く感じ」と「終わる感じ」を上手に使い分けた、大きなまとまりのある8小節になった。

土壇場で諦めず踏ん張ったことにも称賛を

6班の発表

最初の課題どおり、1人1小節ずつリレーしていく6班。しかし……「あっ」聴いている子たちが5小節目で何かに気づいたが、当の本人たちも戸惑っている様子。6小節目で止まってしまい「どうしよう」と口走り……先生に「**もう1回やってみて。どうぞ**」と振られて、再度チャレンジ。

彼らがやりたかったのは「Aさん→Bさん→Cさん→Dさん」とつなぐ前半に対し、後半は逆の順序でリレーすること　p.61 ！　だがそこまで決めたものの、後を練り上げる時間が足りなかったよう。しかしそこで、BさんとCさんの彼らはもうひと踏ん張りした。「同じものを繰り返す」「同じリズムを、音高を変えて繰り返す」手法を土壇場で引っ張り出し、旋律をつないでみせた。「無理」と諦めず、自分の力でピンチを切り抜けた強さにも称賛を！

他の班もみんな、4時間をかけて完成させた自慢の作品を堂々と披露した。1人ひとりの考えや葛藤、4人の助け合いや思いやり、先生やクラスの仲間たちからのアドバイスやインスピレーションを経て、どんどん変遷し進化したそれぞれの音楽。1音1音にぎっしりと詰まった思考や学びの足跡、それこそが子どもたちのつくり上げる音楽の、最大の聴きどころなのだ。

FILE 6 役割のある音楽
音楽づくりで「生き方」を学ぶ

| 即興 |
| 鍵盤ハーモニカ |
| アンサンブル（合奏） |

共通事項
リズム　速度　旋律
音の重なり　拍の流れ
反復　問いと答え
変化
音楽の縦と横の関係

対象 高学年
かかる時間 25分程度×5コマ〜
用意するもの 鍵盤ハーモニカ、黒板
この活動をするために必要なスキル
●即興で1小節のリズム・旋律がつくれる（他、様々な技能や経験を応用するため、学習が進んでからの方が望ましい）

■授業の手順

第1時　活動1　鍵盤ハーモニカでまねっこをしよう
●先生は鍵盤ハーモニカで1小節分の旋律を提示し、子どもたちはそれをまねる。音域や強弱、リズムなどの要素を織り交ぜながら繰り返す。

活動2　今までとは違う役割分担の仕方を知ろう
●1人1小節をつなぎ、4人で4小節の旋律をつくる「今までの役割分担の仕方」を復習する。
●A（ベース）、B・C（旋律）、D（合いの手）の4人による即興アンサンブルを体験する。

第2時　活動3　それぞれの役割の特徴を整理しよう
●活動2で体験したアンサンブルでの、A・B・C・Dの役割を整理する。
●4人組のグループをつくり、各々で即興アンサンブルをやってみる。

第3時　活動4　問題点とその解決方法を探ろう
●何組かがサンプルになって即興アンサンブルを行い、その問題点を洗い出して、解決方法を話し合う。

第4時　活動5　グループで即興アンサンブルをし、発表しよう
●活動4を踏まえ、再度4人組で即興アンサンブルを行う。発表して互いの表現を聴き合う。

第5時〜　活動6　はじめ方と終わり方を決めよう　★このリポートでは割愛
●活動5のような即興に至るまでの「はじめ」の部分と、音楽の締めくくりの「終わり」の部分を考える。

授業づくりの意図
低学年から様々な形で経験してきた即興表現を組み合わせて、即興のアンサンブル（合奏）をします。ベース・旋律・合いの手に役割分担し、自分と相手の役割を考えながら音楽をつくっていく経験は、器楽合奏などで互いの音を聴き合う力にも直結します。アドリブの合奏という概念は、ジャズなどでミュージシャンがやることと同じ。それを子どもたちに体験させるという意図もあります。使う音の高さを変えればリコーダーでもできます。

授業レポート 5年生

F 6 役割のある音楽

第1時　本活動：25分

活動 1　鍵盤ハーモニカでまねっこをしよう

「まねっこ」で鍵盤ハーモニカにできることを知る

　Ⅰ－Ⅳ－Ⅴ－Ⅰで8小節をつくり上げた5年生（→p.54）。リコーダーを鍵盤ハーモニカに持ち替え、次の題材に取り組む。とはいえ活動は楽器に慣れることから。本校では1年生からリコーダーを使うため、実は鍵盤ハーモニカを触ったことがほとんどない……そんな彼らがこの楽器で自分の考えを表現できるよう、先生は最短距離のウォーミングアップを用意した。

　それは「まねっこ」。先生が弾く1小節を、みんなは続けて繰り返す。「**先生、iPad 忘れちゃってさ……伴奏弾いてくれない？**」クラスのピアニスト・サイトウくんに頼みこみ、彼が弾くコードにのって即興の問答を展開する。

　まずはシンプルなところから。「**音の大きさもしっかりまねしてね**」先生にそう言われ、〈強弱〉も抜かりなく聴き取ってまねてみせる。

　先生が次に伝えるのは様々な**音型**、さらに指の位置を変えてソ～レの5音で。音域が変わり、響きが変わる。「**親指さん、ソに置いて。隣の人もソに親指置いてる？**」と呼びかけられ、「ここ？」「こっちだよ」と教え合うみんな。

　次は「**男子はドレミファソ、女子はソラシドレで行くよー**」と男女交互に。

　先生とみんなとの〈反復〉に加え、男子・女子、低音域・高音域で自然に生まれる〈問いと答え〉。やることはまねっこだけでも、どんどん音楽の要素や仕組みが加わり、音楽の世界が立体的になってくる。次はぐっと高い音域に飛ぶ。**ドの1音だけを使えば、おのずとリズムの変化になる。**

友達のまねっこをしよう

　伴奏のリズムを簡略化し始めたサイトウくん。それを聴きつけて「**疲れた？**

♪ 普段の伴奏は iPad を活用している。
→p.53

■ピアノ伴奏

右手は平行移動、左手はドのみなのでとっても簡単！　でも、白鍵ならどの音をのせても違和感がない

♪ 「まねっこ」に取り入れている内容とは、つまり「鍵盤ハーモニカで何ができるか」「この題材でどんな引き出しが使えるか」を伝えていることに他ならない。

→音型の分析 p.38

♥ 先生は鍵盤ハーモニカのキーボードを見せつつ、「ソ」「レ」と最初の音を唱えて、鍵盤が苦手な子もついてこれるようにしている。

→1音アドリブ p.30

65

先生が代わるね。ありがとう。じゃあ、誰か先生の代わりをやって」と言う先生に応え、フジモンとリリちゃんがリード役を受け継いでくれた。ここまでの先生とのまねっこで、みんなすっかり要領を得ているから大丈夫。

細かい音符で攻めるフジモン、長い音符を粋に使うリリちゃん。わずか1小節の中に個性が花開き、多彩なリズムの可能性を知らしめる。次のリード役はウツミさんとカワサキくん。だが先生はその前に2人に耳打ちをした。

いきなり出没したシの音に「なんですと⁉」と笑いが上がる。先生が2人に出した指令は「**みんなに内緒で、シを使って**」。「してやったり」の彼らだが、その後は先に先生がそうしたように丁寧に鍵盤をかざして見せ、みんなが迷わずシまたはドから弾き始められるように配慮する。互いに仕掛け合い、気づかい合いながらウイットに富んだ出し抜き合いをする音楽の即興劇……この題材の妙味が、このやりとりで周知された。

活動 2　今までとは違う役割分担の仕方を知ろう

この間やったのは「4人で1つの旋律」

「唄口を口から離して」と先生、次の活動に移る。ところがいきなり「誰か4人出てきて！」……それでも果敢に立候補してくれるのが、このクラスの素敵なところだ。4人を横に並ばせ「**親指をドに置いて。使う音はドレミファソ、1人1小節。4人でつなげて**」「えっ」一瞬で条件を提示し、「行きまーす」と拍打ちを始める先生に慌てる4人。だが少し前までひたすら旋律づくりに向き合っていた彼らだ。「ちょ、ちょっと待って」と言いつつも「どうぞ！」と振られたら意を決して音を出す。

スタートのモリさんのリズムをもらったメイちゃん、それを引き継いだハラくんとイトウくん。最後は多少強引でもドに着地……今までの学びが完全に血肉になっている。「**先生はまとまりがあると思った。なぜだと思う？**」そう問われ、みんなは「ドで終わったから」「始まりと終わりの音がつながってる。モリさんがミで終わったらメイはミから始まって、ハラちゃんがミで終わったらイトウくんはファから」と思い当たる節をすらすら挙げた。

ここまでは実は前置き。「**次は、今のと違うタイプの音楽に挑戦してみよう**」と宣言し、「今のは4人でこうやってつなげたよね」と図を描く先生。「**Aさんがやって、Bさんがやって、Cさんがやって、Dさん**」1本の線と横1列に並んだアルファベットを指さし、みんなで頷き合う。

> ♥ これから取り組む「役割のある音楽」とは対照的な「4人で1つの旋律をつくる」活動を復習。Aというものを知るために「Aでないもの」と比較対照する。

66　第1章　音楽づくりの授業リポート

FILE 6 役割のある音楽

役割ごとにそれぞれのミッションがある

「今度の音楽のタイプは……」再度立候補を募り、オオクボくんを招いた先生。「君はAさんです。低いドを使って、1小節分のリズムをつくれる？それをずーっと、オウムみたいに繰り返して」。彼はすぐに  というリズムをつくり、何度か繰り返し演奏してくれた。「さっきのまねっこでもさ、誰かがこれをやってくれたの。覚えてる？」「サイトウくん！」「そう。ピアノでずーっと同じのを繰り返して、みんなを支えてくれてたよね」。

さらに2人を募ったところで、出てきてくれたのは噂の人サイトウくんと、ユーモアあふれるコバヤシさん。「面白くなるね！」みんなの期待を受けて立つ彼女は、それに応えたいところだが……。「コバヤシさんはBさん、サイトウくんはCさんね。BさんとCさんは、ドレミを使って2人でまねっこしてください」そう言われ、2人がとりあえずやってみる。

Aさん・Bさん・Cさんがやることが明らかになったところで、いざ3人で。「まずAさんが入って、リズムの繰り返しが安定したら、BさんとCさんでまねっこを始めまーす。じゃあオオクボくんからお願いします」。

「えっ、ん？」突然の停滞で終わってしまった1回目。「あー、いい感じに終わんなかった」インパクトを人一倍重んじるコバヤシさんが悔しそうに呟く。それを聞き「じゃあ、次はいい感じで終わらせて」と先生、すかさず「はい、せーの」と2回目に突入しようとすると、「またぁー!?」と細かいリズムの繰り返しで息もたえだえのオオクボくんが悲鳴を上げた。

そんな彼に誰かが「それなら息切れしないやり方にしたらいい」とアドバイス。「そうだよね、オオクボくんのリズム細かいから。先生ならもっとラクにして とかにするよ」とそれにのっかる先生だが、「それはラクしすぎ」とみんなに諭されて「あっスイマセン」と舌を出す。

「じゃあさ、ここにもう1人、Dさんを入れるとしたら？」出てきてくれたハナちゃんに、先生はヒソヒソ話で指示をする。「ハナちゃんがどういう役割をするか、聴いてみて」と呼びかけられ、耳をそばだてるみんな。疲労困憊のオオクボくんに代わり、先生がAさん役を務めることに。

「ああ！」ハナちゃんの役割に気づいた子たちがうなる。音楽が進むにつれ、手慣れてノリができてくる4人。最後は先生が目配せで指示するリタルダン

♪ 「ラクなリズム」「簡単なリズム」という動機も、新しいリズムを生み出すきっかけになりえるし、途中でリズムを変えてもいい（音楽的にも変化がつく）。

♥ 指示の内容を秘密にして、出てきた音から「先生は何を言ったのか」と考えさせる。子どもはこういうスリルが大好きだし、「まず音で感じる」ことにもなる。
→ Q3 p.78

ドからフェルマータ……3人がそれに呼応し、かっこよく決まった！

「ハナちゃんは何をしてた？」そう問われ、誰かが「あいづち！」と的確に表現してくれた。……ここでチャイムが鳴り、「今度はみんなでこれをやろう！」と先生。新しい世界を垣間見て、次の授業がもっと楽しみになる。

第2時　本活動：20分

余計な指示は野暮というもの

前時同様、先生とみんなとの「まねっこ」でスタート。先生はがやがやする子どもたちの間でやにわにiPadを操作して伴奏を鳴らし始め、前に立って鍵盤ハーモニカを掲げるや否や「行くぞー」とだけ言って弾き始める。「！」それに気づき、前時を思い出した子から先生に追従。仲間のそんな姿を見て、ぼんやりしていた子たちも音楽の輪の中に入ってくる。「音がずいぶんよくなってきたね！」と喜ぶ先生。そう言われたら、もっといい音が出したくなる。

活動 ❸　それぞれの役割の特徴を整理しよう

前時に試してみた「役割」を整理しよう

まずは、題材のプロローグで終わった前時を整理。「オオクボくんがAさんをやってくれたけど……オオクボくん、どんなことをしたか自分で覚えてる？」「えーと……下の、リズム的な」先生はばっちり的を射た彼の言葉に頷き、「Aさんの役割、みんなも自分の言葉で言うと何になる？」と呼びかけた。

「土台」と呟いたのはフジモン。知識が豊富なリリちゃんは「ベース」と表現したが、それではピンと来ない子も……とぼけた先生は野球のホームベースを描き「ベースってこれ？」と首を傾げてツッコミを待つ。すると「違う違う。楽器のベース！」とリリちゃん、シンくんも「音楽のもとになる部分っていうか」と噛み砕いてくれ、みんなが「ベース」の意味を理解した。

音楽を「会話」にたとえると……

BさんとCさんがしていたことは……「会話でしょ」とみんな。フジモンは「遊んでた」と自由度に着目し、サイトウくんは「メロディー」と音楽用語で表す。それらにも頷いてから、「会話」というたとえを掘り下げて話を発展させる先生。「会話にもいろいろあるよね。『おはよう』って言われて『おはよう』って同じ言葉で答える時もあるし、『おはよう』って言っても」「『ハロー』って返事したり」「そう。まねっこするパターンもあるし、全然違うことを返す『まねっこじゃないパターン』もある」「ひねくれてる人もいるしね！」

そしてDさんは……「ハナちゃんはどんなところに入ってくれた？」そう問われ「他の人の間」と口を揃えるみんな。「つまり、Dさんは何をしているんだろうね？」……「あいづち」「ツッコミ」Bさん・Cさんに引き続き、会話になぞらえて言葉を選ぶ。「邪魔……とかもできるかな」と先生が呟くと「ああ、確かに！」と子どもたち。「2人で話してるのに『だからだからだから！』とか入ってくる時もあるよね」子どもたちは自分たちの日常と照らして盛り上がる。邪魔というのもドラマのスパイスとしてはおいしい役どころだ。

♥ 必要以上の言葉がけや指示・注意は省く。「前回もこれをやったね」という子どもたちと先生との共通認識を最大限に活かし、音楽的で心地いい雰囲気をつくる。

♪ このクラスは、以前に大きな舞台に向けて合奏を仕上げた経験がある。その時に「土台がしっかりしろ」という指導を受けており、その重要さは実践的に知っていた。器楽分野から音楽づくりへのつながり。

♥ 子どもから出てきた言葉は、素朴なたとえも正確な音楽用語も平等に扱う。
　　Q7　p.82

♪ 「会話」という日常生活の1コマにたとえることで、子どもたちもイメージがつかみやすく、「特別なことをする」というハードルも感じずに済む。
　　Q7　p.82

♪ 主にテンポを示しているのは、もちろんベースのAさんだが、Dさんもつなぎ言葉のように合いの手を入れることで、会話（音楽）を推進させている。それを指して子どもたちはDさんにも「テンポキープ」という役割を見出した。

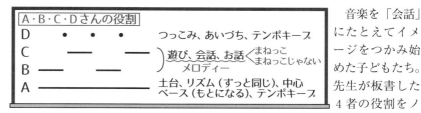

音楽を「会話」にたとえてイメージをつかみ始めた子どもたち。先生が板書した4者の役割をノートにまとめたら、いよいよ実際にやってみる。

まず4人が前時同様みんなの前で挑戦し、確認したことを実践してみた後、いつもの班 ●p.54 に分かれて全員がトライ。「旋律をつくった時は、Aさん→Bさん→Cさん→Dさんって順番につなげたよね。でも今回は全員が同時進行だから音が重なる。それをちょっと意識して、今日は遊んでみて！」その言葉に心を躍らせた子どもたちは、さっそく役を決めて音を出し始めた。

第3時　本活動：30分

活動 4　問題点とその解決方法を探ろう

相談なしにやってみて問題点を洗い出す

今日は立候補の中からランダムに何組かをつくって即興してもらい、そこからポイントを抽出して、うまくいくためのヒントをみんなで話し合う。「聴く時間が長くて、たくさん弾きたい人には申し訳ないけど、次に各班でやる時に大事になることだからね」と先生はあらかじめ断りを入れた。

役割だけが決まっていて、各々がどう振る舞うかはその時次第……「だから、誰がAさんでもBさんでもCさんでもDさんでもいいです」という説明に「なら、みんなAさん」と茶々が入るが、「それじゃ困ります！」と先生は苦笑。確かに、みんなが1つの役割に走ってはアンサンブルは成り立たない。

♥ 実際につくる前に、ポイントを押さえておくことは大事。不明点が多いままグループ活動に入ってしまうと、子どもたちが自分たちで動き出せなくなってしまう。ただし「次はみんなたくさん弾けるよ」と見通しを持たせて意欲も保つ。

1組目がくれたヒント：音域の棲み分け

うまく流れないアンサンブルに本人たちも困り顔。「何に困ってた？」と問われ、「Aが1・2・3・1・2・3ってやってるから、1・2・3・4って入りにくい」と言葉を探しながら訴えるBさん。「今、Aさんは3拍子だったからね」先生が〈拍子〉という言葉に整理すると「そうそう。いつも4拍子だから……」と続けるが、「逆に、3拍子に慣れてみるのもいいかもよ」と言われ、「それもありか」と顔を見合わせる。聴き手のみんなからは「Bは、Cにもできるようにわかりやすく鍵盤を見せてあげなよ。難しいから確認のために間が空いちゃうんだ」とアドバイスが。先生にも「**練習する時間があれば多少難しいのも弾けるけど、この場でいきなり演奏するんだもんね**」と

即興ならではの留意点を説かれ、Bさんも「なるほど」と得心する。

Dさんは「BとCの音がうるさくて、Aの音が聴きづらい……」と悩む。「**その解決方法は2つある**」と先生は言うが、「Aの音を大きくするか、BとCを小さくすれば」「DはAの近くに移動したら」と音量に着目した意見ばかりが挙がる。だが先生のもう1つの策は……「**BさんとCさん、1オクターブ上を使ってごらん**」。音域を棲み分けることで各々が引き立つのだ！

それぞれが抱いた問題点と解決策を洗い出したところで再度、4人の思惑を相談して調整する。「やっぱり4拍子がいいな。4拍子の方がやりやすいんだ」というDさんに「オッケー！」とAさん。BさんとCさんは、互いに鍵盤が見えるように並ぶことにした。そうして披露されたのは……。

「おお！」今回は全員が無理なく演奏できるアンサンブルになった！

2組目がくれたヒント：Aはシンプルに

2組目も重要なヒントをもたらしてくれた。張り切りすぎたAさんが……「……複雑じゃねえ？」「大丈夫？」とみんなが心配するが……案の定「疲れた！」とギブアップ。確かに息も続かないし、賑やかすぎて他の人の音をかき消してしまう。「じゃあ代わってもいい？ 疲れただろうから休憩してて」と先生、しかも「**1年生が来たと思ってね**」とひざ立ちでみんなを見上げる。先生が小さな1年生に扮して提案するAさんのパターンは……。

1年生が考えるくらいシンプルだが、拍が明確で他の3人がのりやすい！複雑なリズムや和音ばかり使いたがっていたみんなの目から鱗が落ちる。

> ♪ だから、この題材では基本的に先生は拍打ちをしていない。与えられたテンポで演奏するのではなく「テンポはAさんが決める」ということを印象づけるため。

それから……「さっきのAさんと速度が違ったの、気づいた？ つまり、<u>Aさんは速度も決められるんだ。</u>たとえば……」アップテンポで始めるAさん、それにのっかってくるB・C・Dの面々。速度が変われば音楽の性格も、そこにのせたくなるメロディーも変わる。「ああ〜！」と納得するみんな、Aさんの新たな役割に気づく。

3組目がくれたヒント：Dが低音域でもいい

3組目は、1・2組目の課題とその解決方法を踏まえてスムーズなスター

70　第1章　音楽づくりの授業リポート

ト。Aさんはさっそくアレグロで入り、アンサンブルにきびきびした性格を与えた。話題をさらったのはDさんのフジモン。

「ははは」「ふふふふ」「ひひひひ」思わず笑いがもれる。「なんで笑ったの？」と問われ「Dはいつも高い音なのに、低い音で来たから！」とコバヤシさん。「なんで低い音にしたの？」先生がフジモンにインタビューすると「実はサイトウくんから下でやれって言われて」と衝撃の告白、スキルが高く発想も豊かな彼は自分の時だけでは飽き足らず、試したいことがたくさんあったのだろう……「で、実際やってどうだった？」と先生がフジモンに畳みかけると、「確かに、音程が違うなって思った！」彼にとっても発見があったよう。「うん。先生も『意外と目立つな』って思った！」と先生も声を弾ませる。

さらに**「聴く人は音楽の流れが安定してきたと思ったら、手で○を出してあげて」**と先生。それを踏まえ、同じメンバーに再度演奏してもらう。シンプルで動じないAさんのベース、BさんとCさんもド〜ソだけで動く順次進行で弾きやすく、滑らかに旋律を紡ぐ。そして低音で入るDさんの合いの手……揺るぎない「音楽の安定感」。聴き手のみんなが両手で○をつくると、その価値がいっそう重みを増す。

> ♪ 安定とは、ここでは「それぞれの役割が果たされている」「拍が淀みなく流れている」「音量のバランスが整っている」というような状態で、要は心配なく音楽が進んでいるということ（直感的にも理解できるだろう）。まず安定が確保できていないと、冒険したり仕掛け合ったりという、即興の次の段階に足を踏み入れることはできないので、「安定」をめざすのは大事。

4組目がくれたヒント：CはBのまねをしなくてもいい

4組目のAさんは……3組目で話題になった「音域」の話を発展させ、自らも高音域へ。それでもシンプルな繰り返しに留まっているため、テンポがしっかり守られている。Dさんは先のフジモンをまねて、あるいは先に入ったAさんと棲み分けて、低音域に居場所を確保した。注目を集めたのはBさんとCさんのやりとり。腕に覚えがあるBさんのテクニックに、Cさんがついていけない様子……戸惑うCさんに、先生がそっと入れ知恵する。

Cさんが先生にもらったヒントで場を切り抜け、演奏を終えた後「今、C

71

> 「できないから別の人に交代」というわけにはいかない（本人も周りも）。困難から逃げず、それを音楽的に解決する方法を考える。
> →Q18 p.93

さんが困っていたのに気づいた人？」と聴き手に問いかけた先生。「先生も気づいたから、こう伝えたんだ……ねっ」『わかんなくなったら、適当に返せばいい』って」先生の言葉をＣさん本人が引き継ぐ。「必ず同じじゃなくていいんだよね」と誰かも声を上げた。「そう。もっと言えば とかやってもいいんだから。お話する時もさ、たくさん言われても『そうだねー』とだけ返事する時もあるし、うんうんって頷くだけの時もある」。〈反復〉や〈問いと答え〉ではなく「会話」だと思えば、様々な解決策が湧いてくる。

授業後のおしゃべりで、彼が打ち明けてくれたこと

　片づけの合間、ピョコンと先生のところにやってきたのはシンくん。発想や意欲は漲るものの、やはり技能にあまり自信がなく、前に出る勇気はなかなかもてない様子。「やっぱりみんなの前は緊張する？」そう語りかけられて「ＡとかＤはできそうだけど、Ｂ・Ｃは難しそうだから……」と苦笑する。「そっか。じゃあ今度『Ａやってくれる人』っていう時に手を上げてくれたらいいね」「ううん、Ｂ・Ｃもやってみたいとは思うの！」と目を輝かせた。

　これまでの学びで、Ａ・Ｂ・Ｃ・Ｄそれぞれの役割の使命、「やれること」と「やるべきこと」がだいぶ整理され、難易度の違いや求められるパフォーマンスが見えてきた子どもたち。自分の技能やキャラクターと照らし合わせ、自分がどこに挑戦したいか・どこで活躍できるかを考え始めたようだ。

第4時　本活動：30分

活動 5　グループで即興アンサンブルをし、発表しよう

グループに分かれて全員が挑戦してみよう

> 「策はある」と匂わせることで、子どもたちは奮起して考える。また、他の班に入ると「お客さん」扱いになってしまうし、次時以降の活動とのつながりも難しくなるため、今回はそうはしなかった。

　前時に洗い出した問題点と解決策を踏まえ、全員がおなじみの席順ごとの班で即興アンサンブルに挑む。「まず、Ａさんはどんなリズムにしようか、ＢさんとＣさんはどんな会話をしようか、Ｄさんはその間にどう入れようか……って４人で相談する。とはいっても即興だから、絶対的に『こうしよう』って決めることはないんだ」と先生。「で、実際にやってみて、安定したら先生に見せに来て」その言葉を合図に、みんなが弾けるように動き出した。

　だが……困ったのが２班。もともと３人しかいない上、今日は１人欠席。残った２人に「１人ずつ他の班に行けば」という案も出たが、「それでもいい。でも２人用のアイディアもあるけどね」、そして「先生が言っちゃうと面白くないから」と口をつぐむ先生に、２人は「やってみる」と意を決した。10分程度のグループ活動、その中で先生のチェックを経て各グループの発表へ。「『自分と同じ役割の人がどんなことをしてるかな？』って視点で聴いてください」と先生はみんなに言い渡した。

> ♪ アンサンブルの全体を一気に捉えるのは難しいので、聴く視点を明確に。視点が定まると、そこから全体も整理して捉えられるようになる。演奏する側も「同じ役割の人は、必ず自分に注目して聴いている」と思うと気が引きしまる。

テクニックの高さと音楽性は比例するものではない！

10班の発表

　前時の終わりに勇気の片鱗を見せていたシンくん。「あのね、えっと」何やら先に言葉を並べようとしている様子だが、先生は「オッケーオッケー。

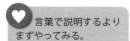
> 言葉で説明するよりまずやってみる。
> →Q3 p.78

> 「とりあえずやってごらん」とあっけらかんと笑って背中を押した。

> ♪ Aさんの弾むリズムに引っ張られ、他のみんなも同じリズムやスタッカートになっていることにも注目。
> Q13 p.88

「シンくん、ファで行ったんだ！」目を丸くする先生。彼も自信をもって表現できる難易度だが、ファを使うのは他にないアイディアだ。さらにそれに合わせてファを中心にしたBさんとCさん。しかもDさんはドのまま……つまり属音として機能している。技能に頼らない機転で、誰も思いつかなかった「ヘ長調の世界」をつくり上げた彼らは控えめに微笑んだ。

自分たちにしかできないことに誇りをもって

1班の発表

一方、テクニックに自信がある子たちが集まっている1班。アップテンポで疾走感あるAさんのベースに、みんなが首で拍をとってノリを共有する。

> ♪ 彼がそう言い張る所以は、リズムを崩していないこと。ベース役としてテンポをキープするという自覚があるからだ。

「ずいぶん自由なAさんだな……」唖然とする先生に「あえてね！」と胸を張る彼。黒鍵を多用したが、「Ⅰ－Ⅳ－Ⅴ－Ⅰ」と違ってハーモニーのしばりがないし、リズムが統一感をつくっているので、エキセントリックな響きでも音楽的にはまとまっている。また、和音や黒鍵の音を気軽に出せるのも鍵盤ハーモニカならでは。楽器の長所と自分たちの技能を最大限に活かした演奏には、自らへの揺るぎない自信と、臆さずそれを表に出す誇りがある。

配られたカードで勝負する潔さ

2班の発表

そして、期せずして2人組になってしまった彼らの答えは……

鍵盤ハーモニカを両手で弾き、高音と低音を使い分けてAさんとDさんの1人2役をこなしたイトウくんと、「2人のおしゃべりじゃなくて、独り言」というアナンくん。その渋い「間の面白味」は、みんなにセンセーショナルな笑いを提供した。確固たる構造と音楽的な魅力にあふれた、他の班に何らひけをとらない出来。誰よりも厳しい状況に見舞われながらも逃げずに立ち向かい、見事に成し遂げてみせた2人。その勇気と自信は彼ら2人にとっても、それを目撃したクラスのみんなにとっても、大きな糧になるはずだ。

はじめと終わりが決まっているから、その間で自由に遊べる

全部の班の発表が終わり……「ちゃんと聴けた人、拍手してくださーい！」先生の言葉で、音楽室に温かい拍手があふれる。次時に向けて用意された課題は「**はじめ方と終わり方を決めよう**」。この後、彼らはさらに数コマをかけてこの即興の場面に至る前後をつくり、まとまりのある音楽作品に仕上げていくのだが、それはまた別のドラマ……ということで。

「役割のある音楽」とはつまり、あらゆるアンサンブルの本質だ。つくることを通して自ら考え、迷い、ぶつかりながらそれに向き合った子どもたち。この後で器楽合奏に取り組む時も、あるいは中学校や高校に進学し、吹奏楽部や合唱部に入ったとしても、将来バンドを組んだり趣味のアンサンブルをしたりする機会を得ても、この経験は彼らの重要な指針になるだろう。

そして、この学びは音楽だけに留まらない。様々なキャラクター、様々な能力をもつたくさんの人が生きる社会の中で、自分が果たす役割は何なのか。その役割で成すべきこと、できることは何か。逆に言えば自分のキャラクターにふさわしく、自分の能力が最も活かせる役割は何なのか。あるいは思いもよらない役割を宛がわれた時にもそこから逃げず、自分の手持ちの能力で乗り切るためにはどうすればいいのか。自分とともに相手の役割を尊重し、全体がよりよい結果を得るためにはどうするべきか……この数時間で子どもたちが得たものは、彼らがこれから船出していく広い社会の中での、自分の「生き方」そのものなのだ。

> ♪ 即興では「スタート」と「ゴール」を決めておくことで、逆に安心して自由に動ける。
> 「はじめ方」では誰からどう入るか、「終わり方」では曲をどう締めるか（全員で1音鳴らす、1人ずつ抜けるなど）、そのためのきっかけは誰がどう出すのかなどを考える……はずだったのだが、このクラスの子どもたちのクリエイティビティはそこで止まらず、はじめ・終わりにもそれぞれ4〜8小節のパーツをつくって全体を超大作に仕上げてしまった。先生はそんな彼らの意欲も最後まで温かく見守った。
> ➡ Q4　p.79

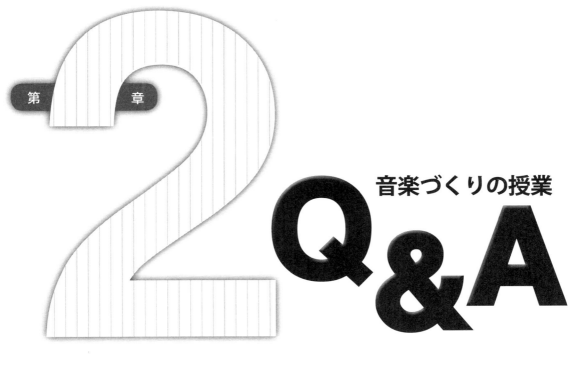

第2章 音楽づくりの授業 Q&A

回答
平野次郎

聞き手
小島綾野

第1章を読み進めていくうち、
「なぜ先生はここでこういう決断をしたのだろう？」
「どうしてこういう授業づくりをしているのだろう？」と思ったところはありませんか。
その理由・根拠となる考え方を1から紹介します。
さらに「音楽づくり以前」の日頃の指導で心がけていること、
第1章の授業がどんな準備の上に成り立っているのかもお伝えします。

年間を通して行う みんなが安心して表現できる環境づくり

■音楽づくりの前に

Q みんな物怖じせず、即興表現にも積極的ですよね。やっぱり筑波の子だからでは……

この本で紹介した活動はどこの学校でもできると思いますが、準備が整っていなくてもいきなりうまくいくとは言えません。特に1人ずつの即興表現……どれも活動の内容はすごくシンプルですが、1人での表現に挑戦させるなら、子どもたちに「1人でも表現できる！ 表現したい！」という自信や意欲があることが前提です。

そのために、年度の初めには楽しく歌う活動を多くしますし、その中にさりげなく1人で歌う時間をつくります（1小節ごとのリレー唱など、ハードルの低いことから）。リコーダーにも少し重点的に取り組んで、演奏技能の差を埋めるのも大切。技能差が目立つと、自信がない子は「恥ずかしい」という気持ちが先に立ってしまいますから。

即興表現に向かう前に、子どもたちの不安の種になりそうな要素をできるだけ解消して、「1人で表現する」ことへの自信をつけておくんです。だからみんな安心してのびのび表現できる。子どもたちが安心して表現できるための環境づくりには、僕はかなり時間と気を使っているつもりです。

Q かといって「オレがオレが！」と周りを押しのける子もいません

1人で歌う場面では「あの子、口をあんなに大きく開けてヘンなの〜」とか思う子もいるでしょう。でもそれも小学生の自然な反応。僕はその歌い方自体にはいいとも悪いとも言いませんが、大事なのは「友達が1人で歌ったり発表したりする時は、どんな表現でも『あれがあの子の表現なんだ』って認めてあげなさい」と伝えること。さらに「でも、全員で1つの表現をする時は『みんなで合わせること』を考えよう」とも言います。

表現には「自分の個性を存分に発揮する場面」と、「みんなで足並みを揃えて全体を整えることを目指す場面」の2種類があることは、明確に伝えています。音楽でも学校生活でも人生においても、どちらも必要なこと。それを知ると、子どもたちも今はどちらの場面か、自分が何を目指してどうふるまうべ

きか考えられるようになります。

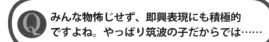

だから合唱の時に周りの声を聴かず、自分が目立つことを優先する子も、1人での即興表現の時に周りと同調することばかり考えて、自分の表現を出そうとしない子もいないんです。

Q 年間を通した準備や根回しのおかげで即興にも積極的に取り組めるんですね！

いざ「今から即興表現しよう！」という時にも気を配ることがありますね。まず、**使う音を1音ずつ確認すること** 。簡単なことですが「あ、ちゃんと音が出せる」と安心できれば、技能に自信がない子も気が楽になりますから。それから、**本番の前に1分程度の練習時間を設けること**。「すぐ本番」ではなく、試行錯誤の時間があると心の準備もできます。

みんなで円になって順番に表現する時は「**誰から始めるか**」**もポイント**です。立候補の中から指名する場合は、やる気はあっても技能がおぼつかない子だと流れができないし、逆にものすごくレベルの高い表現を出してきそうな子も、周りが委縮するから避ける。「そつなくできそうな子」がベストですね。自信がなさそうな子や流れを止めてしまいそうな子は、ある程度流れができた頃に順番が来るように。だから先頭を決める時は、スタートになる子とともにその両隣も見て「右隣の子は不安そうだ、2番目じゃかわいそうだな」と思えば、左回りになるように僕から指示します。それならその子は安心できる。子どもたちに弾みをつけるためには、こんな些細なことも大事なんです。

1人ひとりがみんなの前で表現することは、やっぱり決して簡単なことじゃない。子どもは緊張したり、嫌がったりするのが普通でしょう。だからこそ、教師の細かい配慮が意外と重要なんです。

Q2 ■授業計画
授業時数を有益に使うための横断的な授業時間の使い方・年間計画

Q グループ活動が数分〜10分程度というのはすごく短く感じます

 1コマまるまる、40〜45分を音楽づくりの活動にするのは難しい。授業の最初から最後までグループ活動に充ててしまうと、子どもは「40分もある！」と余裕をもちすぎてしまいます。教師の目も離れるし、どうしても集中力を欠いたり遊んでしまったり……40分を子どもの意志で有効に使うのは無理でしょう。

それなら音楽づくりに充てるのは20分程度にして、さらにそれを「グループ活動10分・中間発表5分・残りの5分で再度グループ活動をして練り直し」……のように使う。「自分たちに与えられた時間は10分しかない、しかも先生が『聴かせに来い』って言ってる！」と思えば、子どもたちも気合いが入りますから。

それに、**時間がまとまっていないことの利点もある**んです。たとえば議論が盛り上がった時（→p.43など）、それをその場で整理しようとすると思考にブレーキがかかってしまうし、そのための時間が必要になる。ならばいったん区切りを設け、整理は時間外に教師がしておいて、次の時間の冒頭に「前の時間の振り返り」として子どもたちと共有する……という形の方が時間の短縮になるし、子どもたちの勢いも維持できます。

Q 音楽づくりの授業が多いですが歌唱や器楽、鑑賞はどうしているのですか？

 つまり、**1コマの授業の中に複数の活動が入るということ**。この本のリポートは授業時間のうち音楽づくりの部分だけですが、実はその前に歌唱や器楽もあるんです。たとえば「役割のある音楽」の第2時（→p.68）は、授業時間（本校は1コマ40分）をこんなふうに使いました。

6分	4分	10分	20分
常時活動		本活動①	本活動②
リコーダー レパートリー	はじまりの歌 (リズムゲーム・即興打楽器アンサンブル)	歌唱 『赤とんぼ』	音楽づくり

この授業の場合、歌唱と音楽づくりではそれぞれ別のねらいがあるので、基本的に相関はありません。「1時間に1つのねらい・1つの活動」でなければいけないわけではないし、1つの活動にかかる時間を帯でとって、横断的に配置してもいい。80分かかる活動なら、40分×2回でとるのが普通でも、10分×8回にしたっていいんです。

こうして時間を柔軟に使うことで、どの領域も疎かにせずに指導内容を達成できます。僕の授業は忙しないとよく言われますが、このペースに慣れた子どもたちはきびきび動くし、短時間で次々に頭を切り替えるので集中も保てますよ。

Q 1つひとつの活動の時間は短くても年間を通してみれば確かな力がつくんですね

 1コマの中での活動同士のつながりはあまりなくても、コマをこえた大局的なつながり、年間を通した活動のつながりはしっかり考えています。その題材に取り組むまでに、その前の題材で何を学ばせておくか、常時活動で何を経験させておくか、この題材の経験を別の題材で活かせないか……**「あらゆる活動はつながっている」という意識で、指導計画をつくります**。

よく言われているとおり、音楽科の授業時数はすごく限られていますよね。それに、行事の歌や合奏の練習にもそれなりに時間を割いて、ステージを成功させる達成感や、観客を意識して演奏のテクニックを磨き上げる機会も子どもたちに経験させてあげたい。そんないろいろな制約の中で、少ない時間を子どもたちにとって最大限有益に使うためにはどうするか……と考えるんです。

なぜ僕がそう決断できるかというと、迷った時には学習指導要領に立ち返っているから、です。子どもたちに教えるべきことの核は何なのか、**何のために自分はこれを子どもたちに教えるのか**……というコンセプトに戻る。だから、自分の考えに自信がもてるんです。僕ら音楽科の教員が最終的に目指すことは、学習指導要領の「目標」のとおり、子どもたちが「音楽って楽しい！」と思えるようになること。そのために効果的なこと、子どもたちのためになることなら、僕はためらわず取り入れたいと思うんです。

77

■授業計画

Q3 音楽科の学びは「感じ取って、考える」音を通して考えることも「言語活動」

 Q 音楽の授業は、感覚や技能が重視されてきたような気がしますが……

音楽は技能教科だからできないよりはできた方がいいですが、僕は「感覚でなんとなくできてます、感じるままやってます」よりも「頭ではしっかり理解していて、やろうとしているけど（技能が追いつかなくて）できない」という姿の方が、教育の場ではまだ望ましいと思う。

まずは「知ること」、次に「考えること」と「感じること」。いずれも大事ですが、そのいずれかだけで留まっていないか。僕は「感じ取らせて、考えさせる」ようにしています（逆の時もありますが）。それも実際の音楽や活動を通して。まず音楽のよさに触れて、後から「ああ、あれは理論的にはこういうことだったのか！」と理解することは、音楽との付き合いではよくあることですしね。

 Q 先生の授業は、席に座って考える場面が多いですね

子どもが着席して、僕が板書して……音楽科としては意外でしょうか。挙手して発言して、板書で楽譜や図を見て確かめ、何人かがみんなの前で音を出し、発言や板書で整理したことを音でも再確認しながら、理屈や考え方を押さえます。

僕はこの思考の過程にこそ価値があると思うんです。もちろんその分「1人ひとりが音を出す時間」は相対的に短くなりますが、この時間が「音楽的ではない」というわけでは決してない。前に出てこない子も発言しない子も、それぞれ音楽について自分なりに考えています。「音楽について考える時間」も、すごく音楽的な時間ですよね。

それに、演奏技能が低くて音で表現するのが苦手な子は、ここで「思考」の方を生かせます。技能が高くない子も活躍できる場が、技能教科たる音楽の授業にもあるって、すごくいいですよね。

 Q 「考える」というと「言語活動」につながりますね

「音を通して考える」活動も、「言語活動」といえるのではないでしょうか。ものを考える時には、必然的に頭の中で言語を使いますから。「口に出さなければ言語活動じゃない」というわけではないと、僕は考えています。

話すこと・書くことは苦手でも音には思考があふれ出る子もいる。説明しようとして言葉に詰まる子がいたら「それどういうこと？ 実際にやってごらん」と音に出させればいいし、それを聴いた周りの子が「ああ、〜くんは『音が強い』って言いたかったんだね」と言語化してあげてもいい。話せない・書けないけど音で表せる子は、頭の中ではものすごく思考しているということです。

結局「まずやってみよう」。いい考えをもっていても、実際に音で試してみないと本当にいいかどうかはわからないし、音にして考えを反芻することで、考えが変わることもあります。とりあえずやってみて、考えを音にしてくれると、教師にもその子の考えが見えてきます。

 Q つくる過程の中で思いや意図が変わってもいいんですか？

何時間かけて作品をつくり上げていく子どもたち（→p.54）を見ていると、思考が継続し、磨きがかかっていくのがわかります。とりあえずとか苦しまぎれとかから始まった表現が、みるみる深まっていく。そこに「自分たちの作品だ！」という思いが芽生えているということです。

つまり、「思いや意図」は最初からもてるものではないんです。音を実際に出しながら「あっ、これ面白いじゃん」とか「これに僕のを重ねてみたらどうなるかな」と音・音楽で試行錯誤していくことで、作品に対する考え＝思いや意図がもてる。つくることは「思いや意図をもつこと」ではなく、とりあえずやってみることから始まるんです。

Q4 ■授業計画
音楽づくりの授業は子どもたちと一緒につくり上げていくもの

Q 先生は授業計画をしばしば変えますが身軽にそう決断できるのはなぜですか？

「音型の分析 ➡ p.39」の冒頭、手拍子でリズムを確認する場面をはじめ、計画では「ちょっと触れてすぐ次に行こう」と考えていても、いざ子どもの表現を見て「ああ、いい表現してるな。これは取り上げたい！」と思い直すことはよくあります。せっかく子どもに表現させるなら、できるだけ活かしてあげたいですし。

こんな些細な1コマから題材のつくり直しまで、**授業計画はしょっちゅう変更します**が、僕がためらわずそうするのは子どもにとってプラスだから。特に音楽づくりでは、教師の計画と違う方向に行くことがありますが、子どもの考えが勢いよくそちらに向かっているなら、無理に引き戻すより寄り添ってあげたい。巷で言われる「子どもとつくる授業」とはそういうことだと思うんです。

Q 子どもの発想で授業を変えてばかりいたら当初のねらいを見失ってしまう気もします

「やっぱりここは変えちゃいけない」という一線はあります。子どもはよく「楽器を足したい」とか「踊りも入れたい」とか提案してきますが、活動のねらいにまだ達していないなら許容できません。そちらに関心が行って、**本来のねらいや得られるはずの学びが失われてしまうから**。それを達成した後のオプションならいいですね。

だから「今は無限に発想を遊ばせていいのか、それとも目の前の課題にきっちり取り組むべきなのか」は子どもたちにもわかるようにします。ねらいを達成できた時には「君たちは充分にできているよ！」というサインをはっきり出す。その上で子どもたちが望むなら「あとは自由にやってごらん」と解き放ってあげればいいでしょう。

Q それなら、授業計画はどの程度まで固めておくのですか？

「この活動には3分かけよう」「こんな発言が出てくるだろう」……指導案を書いたり、授業計画を練ったりする時は、大人の感覚で予想しながら120％ぐらい準備しますよね。でも実際に授業に臨む時には、その半分以上をあえて封印します。大人の感覚で準備したものだけで授業を100％やってしまうと、子どもの表現や発言、呟きや仕草をキャッチできないまま次々に授業が進み、子どもが置いてけぼりになってしまいます。

だから120％用意したもののうち、実際に出すのは50％ぐらい。残りの50％は子どもの生の姿を見ながら、子どもの表現や思考……子どもの力でつくっていけばいいし、そうなるように導きます。それでも反応が芳しくないなら「じゃあこの手を使おう」「別の手に変えてみよう」と、教師から出すものを60％・70％と増やしていくんです。

それに、**教師が一方通行で授業を進めるばかりだと、子どもたちは受け身になってしまいます**。そのうち「この先生に何か言っても多分聞いてもらえないから、言うのやーめよ」とも思うようになるでしょうね。「自分たちが何も言わなくても、先生の言うとおりにしておけばうまくいくからそれでいいや」と。そんなの、やっぱりさみしいですからね。

もちろん「子どもとつくる授業」が大事だというのは、全領域・全教科に当てはまることです。でも、音楽づくりは特にそうしなくてはいけない・そうすることができるジャンル。歌唱や器楽なら、ある程度の音楽が既に用意されているところからのスタートですが、音楽づくりは何もない状態から始まる。そこで無から音を生み出し、音楽につくり上げていくものは何かといえば、ひとえに「子どもの考え」。言い換えれば、**音楽づくりの授業は1人ひとりの子どもの考えを主役にして、それを存分に活かせる場**なんです。

朝、学校に向かう電車の中で「今日はこんな授業をしたいな」「僕がこう投げかけたら、子どもたちはどう返してくるかな」と考えるのはワクワクしますよね。でも、実際の子どもたちの反応や表現は、やっぱり想定していたものとは異なります。特に音楽づくりは本当に毎回違う……だからマニュアルはないし、目の前の子どもたちと一緒に授業をつくり上げるしかない。でも、それが最高に楽しいんです！

Q5 音楽づくりのモチベーションとは？「思いや意図」とは？

■授業計画

Q 課題を与えられてから、子どもたちが動き出すまでがものすごく早いですね

早く動き出せるのは「不安だな」「自信ないな」という気持ちがないから。「子どもたちが気構えず、活動にすっと入っていけるように」と考えながら、進め方や言葉がけを選びます。手立ての１つは、でき上がりのイメージや作業手順を「こういうのをこんなふうにつくっていくよ」と共有しておくこと。だから迷いがないんです。

指導の系統立ても必要。「１人１小節の旋律をつなげてグループで４小節をつくろう」という活動なら、その前に「１小節のリズムがつくれる」「１小節の旋律もつくれる」という積み重ねがあり、子どもに自信があれば抵抗なく飛びこめますね。

何より大事にしたいのは「失敗しても大丈夫」という安心感。子どもが「失敗した！」と思った時も「大丈夫だよ」「ホントはこうしたかったんだよね」「もう１回やってごらん」と諦めずに待ってあげる。時間はかかるけど、まずはそうやって子どもの頑張りを認め、安心させてあげることで、みんなが積極的に表現できるようになるんです。

Q 子どもたちがやる気をもてるかどうかは先生の進め方にかかっているんですね

僕ら小学校教師は「やる気にさせる」ことがとても重要ですよね。大人なら「苦しくても今頑張っておかなきゃ」と先々を俯瞰してやる気を維持できるけど、子どもは「やりたい！」という気持ちが前面に出る。子どもの学びの場では、意欲づけが占める割合はすごく大きい（大人もですが）。子どものエネルギーを軸に考えると……

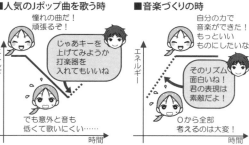

「大好きなＪポップを歌おう！」という時なら、取りかかりのエネルギーは最高潮（その後だんだんエネルギーが下がる→教師がフォロー）。でも、音楽づくりには「この曲をやりたい！」という動機はないので、最初からエネルギーが満ちた状態にはできません。その分、エネルギーになるのは「自分の表現や考えを認められる喜び」、それから「自分がつくったんだ」「自分で考えて、この表現に辿りついたんだ」という価値。だからそこに言葉をかけてあげたいですよね（具体的にどんな時にどんな言葉をかけるかは、授業リポートで）。

エネルギーが満ちて活動が軌道に乗っている時は余計な手をかけず、子どもたちを教師の手から解き放った方が多様な発想が出ます。子どもが不安な時、なかなか動き出せない時には、現状や手順を確認しながら「次はきっとできるよ」と寄り添って、エネルギーが上がり始めた時にバッと放してあげる。「先生、僕はもう自分で行けるよ！」と、子どもが飛び立てるように。

Q 音楽というと「考えるな、感じろ」などとよく言われますが……

「感じるままに表現する」のも、一般的な音楽活動ではありだと思います。でも「感じるまま、適当にやって失敗しちゃった」では何も残らない。それでは教育としてももったいないでしょう。子どもたちには「僕はこういう表現がしたい！」と考えさせたいですよね。そうすればたとえ表現自体は失敗しても「自分はこうしたいと考えて、そのための手立てをこう考えて、その実現のためにこう考えた」という価値が残るから。でも「こうしなきゃダメ」「そんなことをしてはいけません」と押さえつけられてばかりいると、子どもは自分で考えなくなるし、表現もしなくなります。

大事なのは「自分の考えでやっていいんだ」と思える環境です。「先生、これやってもいいかな」と言える授業の雰囲気。自分からやりたいことを発信する、あるいは与えられた指示に対して「僕はこういう方法でクリアしてみようかな」と考えられる、それが許される空気にしておくこと。子どもの「何かやってやろう」という気持ち、それこそがいわゆる「思いや意図」だと思うんです。

■授業の進め方

Q6 子どもたちが自ら考え、必要性を感じる授業のルールと伝え方

Q 「音楽づくりの5つのルール」とはなんですか？

①勇気をもって自分の意見やアイディアを出すこと。また、出すために真剣に考えること。
②出された意見やアイディアは、まず試すこと。
③自分の意見ばかり出さずに、友達の意見やアイディアを言える場を保証してあげること。
④互いを認め合って活動を進めること。
⑤活動が行き詰まった時や新たな発見により方向転換したい時は、先生に相談すること。

この5つを心がけると、音楽づくりの活動はスムーズになります。話すことが苦手な子も、ルール①があれば「頑張って発言してみようか」と背中を押されるだろうし、自己主張が激しい子も③を意識すると「自分ばかり主張しないで、友達の意見も聞かなきゃな」「なかなか発言できない子には、こっちから聞いてあげようかな」と、他の子を気にかけられるようになりますよ。

でも、全クラスに全部のルールを伝えるわけではありません。「このクラスは①は既にできているな」と思えばあえて指導する必要はないし、「でも意見は活発に出るけど、試す前にあれこれ話してボツにしちゃってるな」ということなら改めて②を伝える。ある子が周りを思いやらない言動をしたら、③をもとに「そのふるまいはよくないよ」と釘をさします。

指導はその時その場の子どもたちに合わせてするものだけど、根拠となるコンセプトがあれば教師もぶれないし、様々なケースで一貫した指導が積み重ねられていくことで、子どもたちにもそれが「この先生の授業のルール」として浸透していく。授業の折々で具体的なケースに照らして伝えないと、子どもたちもそのルールの意味や必要性が実感できないですしね。

Q ルールといえば、先生は「静かにしなさい！」と言うこともありませんね

その代わり「先生が話すからちょっと聞いて」と言ったり「おーいおーい」と呼びかけたりし

ます。楽器の音を止めさせるにも「やめなさい」と指示するより「さあ、みんなで揃えて音を出そう。1発だけだよ。せーの！」とやる方がいいですよね。否定しない言い方を心がけています。

注意する時も「ダメ」は最終手段。リコーダーで左右の手が逆でも「ダメ」という言葉は使いませんが、楽器を雑に扱ったり、誰かを仲間外れにしたりしたら「ダメ」と言う。**強い言葉は、大事なところでだけ使うとずっしり響きます。**

些細な態度面の注意なら「それはレベルが低いよ」と、プライドに照らして考えさせる言い回しを。頭ごなしに叱られるより堪えるかもしれませんね。

Q 楽器を鳴らしている時も、声をかけるとすぐに音が止まるのはなぜですか？

子どもたちが「音を止めることの価値」を理解しているからですね。打楽器を鳴らす時（→p.17）にも意識して音を止めたり、リコーダーの練習でも「音をしっかりのばして、揃えて止めるよ」と言ったり……それから「止める」ことを学ぶには、逆に「**無意味に音楽を止めない**」ことも必要。たとえばわらべ歌あそび（→p.12）では、曲が変わる時も伴奏を止めません。で、何か伝えたい時にだけブチッと止める。すると子どもたちはハッとします。

言葉でも「今までは音を出す活動をしてたけど、それは終わり。次に行くよ」と伝えます。「**やめなさい**」**と押しつけると不満ばかりが残るから、子ども自身に音を止める必要性を感じさせたい。**

「自分の拍まで順番を待って、音を出す」「音を止めて話を聞く」……音楽科ならではの"学習のルール"ですが、実は社会のルールでもある。だから授業でも意識して、子どもたちに習得させてあげたいものです。すぐできなくても、繰り返し伝えるうちにできるようになればいいですしね。

規律をたたきこめば授業はスムーズに流れますが、直感的なひらめきや大胆な発想は出なくなる。**特に即興の場では、子ども自身が臨機応変に「次はどうしよう」と考える瞬発力が必要になります。だから、ルールを周知するための言葉がけでも「こういう時はこうしなさい」と教えこむよりも、自分で考えさせるアプローチがしたいんです。**

■授業の進め方

共通事項・音楽用語は名前よりも本質を感じて学ぶ

Q 〔共通事項〕一覧のような掲示物はないのに子どもたちは「速さが〜」「強さが〜」と共通事項を使いこなしています

僕にとって共通事項とは、一覧にして提示するものというよりも「教師の頭の中に常に並べておいて、子どもたちに音楽を伝える時に活用するキーワード」。常時活動でも歌唱共通教材でも行事の歌の練習でも「このリズムが面白いね」「速さはどうかな」と、共通事項をちりばめておくんです。授業冒頭に季節の歌を歌うにも、たとえば「同じリズムが何度も出てくるのがいいよね」とか話して、リズムを少し意識したら……雰囲気づくりに留まらない、音楽的な思考を伴う時間にできます。だから逆に言えば「今日は〈速度〉という新しいことを教えます」と改まった授業はしません。

子どもの表現にも「細かいリズムだね」「弱い音がきれい！」などと言葉がけを。共通事項は教師にとっても、子どもを見取るための指針になりますよ。

Q 先生は「拍とは何か」を教える前から「今の動き、拍に合ってた！」とか言いますが……

赤ちゃんは、周りの大人の会話を聞いて「みんながこれをコップって呼ぶから、きっと『コップ』という名前なんだな」と言葉を獲得していく。小学生だって同じです。高学年の子たちも日常生活を通してたくさんの言葉を知っていますが、意味を理解していないことも多い。意味を知るのは後でいいんです。教師が口にすることで「この言葉には意味があるらしい」という意識が生まれれば、意味を学んだ時にもすぐ理解できますから。

5年生の和音の学習などで ➡ p.50 言葉と意味と知識とを一気に教えようとすると、情報量が多すぎる。「今日は『和音ってきれい』って感じだけ覚えてくれればいい」「名前は次の機会でいいな」と、ばっさり切り分けるのも大事だと思います。

Q 子どもたちの素朴な言葉を、そのまま授業に活かすことも多いですね

クラスのみんなに話が通じているなら、その言葉を使えばいい。トリルのような奏法に「トゥルトゥル」と名付けた子たちがいましたが ➡ p.55 自分たちで決めた呼び名があるのに、教師に「それはトリルって言うんだよ」と言われたらガッカリしますよ……。指導内容に入っているわけでもないし、無理に音楽用語に置き換えなくてもいいでしょう。

逆に、ピアノのレッスンなどで既に学んだ音楽用語を、発言に織り交ぜてくる子もいますね ➡ p.68。そんな時はひとまず「そんな言葉を知ってるの、すごいね」と言いますが、「この子のは正しい音楽用語、他の子たちのは質素な言葉」とはせず、子どもから出てきた言葉は同等に扱います。違いは言葉を知っているか否かだけで、思考自体のレベルはどの子もそんなに変わらないはずですから。

Q 大事なのは、言葉を覚えることではなくその中身を知り、感じ、学ぶこと……

言葉を知っていても、実体を知らなくては意味がない。むしろ実体を知っていれば名前は知らなくてもいいんです。〈問いと答え〉と言わなくても「2人でお話してる」とか言っているなら、それは充分に〈問いと答え〉に言及しているということですから。それに、1つの言葉で決めつけることが思考を狭める。「みんなはお話って呼んでたけど、本当は『主旋律』というんです。主旋律をつくりましょう」と言った瞬間に「お話っぽく交互に音を出そう」「時には話しかけられても、イジワルして答えないのも面白いかも」という発想はなくなるでしょう。

共通事項や音楽に限らずどんなことにせよ、ある事象を1つの言葉でつかむことはできないんです。つかめたとしても、捉え方やかかわり方は薄くなる。1つの言葉で示せるのは、全体のほんの一面でしかないのだから。子どもたちにはいろいろな言葉、いろいろな視点からその実体を伝えて「あっ、こんな見方もあるんだ」と学ばせてあげたいですね。

もちろん音楽用語を覚えるのも大事。f は p にはなりえないし、そういうものだと割り切るしかない。でも思考の場では子どもたちが選んだ、活きた言葉が飛び交えばいいんだと思います。

Q8 板書や記譜をする・させる時は目的や意義を忘れないで

■授業の進め方

Q 先生の授業は、板書が多いですね なぜそうするのですか?

 板書や記譜の目的の1つは、音の「見える化」。楽譜にせよ図形にせよ「今の音は、図に表すとこうだよね」と視覚的に整理するということです（→p.32 など）。そうすることで「今のが点線だとすると、直線で表されるのはどんな音？ 長い線ならどうなる？」というふうに、新たな思考の仕方が生まれます。グループ活動の時間、板書に残した楽譜や図形の前で話し合っている子たちもいますよ。学びの足跡が目に見える形に残っていることで、それを手がかりに自分たちでさらに掘り進めていけるんです。

ただ、板書する時、図や楽譜を使う時に忘れてはいけないのは、音としっかり結びつけること。「今、〜くんがやってくれたリズムは『てんてんてん』だね」「今、トーンチャイムでみんなが鳴らしてくれたのは『シレソ』、楽譜に書くとこうだね」と、実際の音とダイレクトに対照させながら図形や楽譜に置き換えてあげるようにします。

Q 読譜力の向上にも力を入れているんですか? でも、五線入りのワークシートなどはあまり登場しない気がします

 読譜力を鍛えるためのドリルなどは使いませんが、楽譜とかかわる機会はできるだけつくるようにしています。楽譜を見ながら歌唱共通教材を分析するとか（→p.85）、「音型の分析（→p.38）」も楽譜に慣れ親しむための、音楽づくりからのアプローチです。

とはいえ、やっぱり楽譜が苦手な子はいっぱいいるので、楽譜を使う時はその子たちを振り落とさないように配慮します。楽譜だけでわかる子もいますが、さらに階名を言って・カタカナで書いてやっと理解できる子もいる。複数の手段を並行して使って、みんなが状況を把握できたからこそ、それをネタに活動が進められるんです。

ただ、ワークシートなどはあまり使いません。**紙の上だけで案を練るようになってしまうと、思考がどんどん音から離れていくし、発想も停滞していく**。グループ活動でも書くことにこだわらず次々に案を出したり、それを音で試したりしているグループの方ができ上がりも早いし、音楽的に深く思考しているでしょう（「音で発想したものをメモする」という意図で「書きたい」と言う子には、本人のやりたいようにやらせます）。

書かせるのは作業過程を次時に思い出すためだけ。「Ⅰ−Ⅳ−Ⅴ−Ⅰの旋律づくり（→p.56）」では1時間の終わりに「何らかの形で残しておいて」と伝えました。「忘れたら困るのは自分。なら覚えておくためにどう書こうかな？」という問題意識をもってほしかったから。だから楽譜が得意な子は記譜、そうでない子はカタカナで階名を書くなど「自分がわかるように」書き残していました（カタカナならリズムの情報は抜け落ちますが、思い出す時に多少変わっても構わないですから）。子どもにとってはそれで必要十分だということです。

「楽譜に書いておきなさい」だと教師からの一方的な指示なので、子どもは必要性を感じられません。まして五線となると、楽譜が苦手な子は「なんでわざわざわかりづらい楽譜にしなきゃいけないの。僕にとってはカタカナの方がずっと書きやすいしわかりやすいよ！」と思うでしょうね。

Q そうすると「作品を書き残す」ことはまったくしないのですか?

 様々な試行錯誤を経て完成した作品を、最後に「清書」させることはあります（でも、この時も五線にはこだわりません）。何百年も前の楽曲が今に受け継がれているのは、紙の上に残したから。即興表現なら残す必要はないですが（それが即興という文化の特徴ですから）、じっくりつくり上げる題材なら、完成したものを書き残すことが締めくくりにもなります。書くためには作品を振り返ることになるし、そこで「僕たちがこれをつくったんだ」という達成感も改めて味わえます。

楽譜が苦手な子がいるのは当然ですし、僕らが扱っている「音」や「音楽」は、もともと目に見えないもの・その場で消えていくもの。それをあえて視覚化したり残そうとしたりするのですから、板書する時、図や楽譜を使う時、そして子どもたちに書かせる時には、「なぜそうするのか」という目的や意義を忘れないようにします。

Q9 ■題材づくり
シンプルな条件設定のねらい
子どもの思考を揺さぶる条件の提示

Q 音楽づくりに「条件」を設けるのには どんな意義があるのでしょうか

「つくるための条件」の例：
● 拍子：4/4　● 速度：♩＝ 90 ～ 100 くらい
● 小節：1 小節　● 使う音：ソ　● リズム：自由

「条件」は発想を縛るためではなく、思考の焦点を絞り、つくることへ導いてあげるためにあります。考えるための軸、枠組みのようなものですね。「なんでもあり、自由につくってみて」と言ったら、子どもは手のつけようがなくて立ちすくむだけ。条件があることで、まず「ああ、これを目指せばいいのか」と安心できるんです。

でも、この場合の条件とは「絶対従わなきゃダメ！」という性質のものではないし、僕はむしろ子どもたちは条件を外れていくものだと思っています。「『ドで終わる』って条件だけど、僕はドよりもラで終わった方が面白いと思うんだよな」とか……「条件」という枠組みから思考をスタートして、やがてそこから羽ばたいていくんです。

「条件」というと、マジメな子はそこから外れることへの葛藤もあるかもしれない。「ルールは守らなきゃいけないのに」と思ったり、それが評価されることに対して「決まりを破ったのになぜ先生は褒めるの？」と混乱したり……でもそれは、教師がどんな価値観を提示しているかにかかっています。初歩の音楽あそびから、条件を外れた時に「面白いね、すごいね」と肯定してみせること、それが様々な機会で繰り返されることで、条件というものに対する子どもの価値観ができてきます p.18 ほか 。

Q 先生が出す条件はすごくシンプルですよね もっと凝ることもできると思うのですが……

1 音だけ ● p.30 、手拍子だけ ● p.22 など、極限までシンプルな条件で拍子抜けしたでしょうか。条件を絞っても、子どもの思考を活かせば実り多い活動になるんです。手拍子 1 つでも強く打つか弱く打つか、どんな音を目指すか……驚くほどたくさんの思考と表現が出てきました。条件がシンプルなほど「こんなつまらない条件の中じゃ、自分で考えて面白いことをするしかない！」ということになる。ある意味で追い詰められた状況が、子どもの思考を揺さぶるんです。

Q しかも、条件の説明の仕方も曖昧で 子どもたちがなぜ戸惑わないのか不思議です

「Ⅰ－Ⅳ－Ⅴ－Ⅰの旋律づくり ● p.53 」の時は、「使う音」を伝えていません。でもその前に和音と旋律の関係を充分に学んだし、彼らは即興や短い旋律づくりにも慣れている。つまり、つくるための材料が子どもたちの中に貯まっていた。だから唐突に「つくってみよう」と言っても驚かなかったし、使う音が条件として提示されなくても、それまでの学習から「和音の中の音を使うべきだよね」という考えに行きついたんです。

もっと説明が少ないのは「1 音アドリブ ● p.32 」。リズムをつくる活動なのに、僕は「リズムをつくろう」と言っていない。たまたま生まれたリズムの変化を拾って価値づけたことで、子どもたちは「自分もやりたい！」と思い始めました。

それから、極端に単純な作例の提示 ● p.52 ほか 。「これはさすがにダサいでしょ」という例を見せることで、条件やでき上がりのイメージを確認できるとともに「先生よりいいものをつくってやるぞ！」と奮起します。そんなふうに、つくるための条件や動機が子どもたちの中に生まれたなら、こまごま指示しないで彼らの思考や発想に任せた方が意欲も上がります。1 から 10 まで説明してしまうと、大人の想定の枠をはみ出ない作品にもなりがち。実は「曖昧な説明」を心がけているふしもあります。

ただ、「ドミソの音を中心にして、和音に合った旋律をつくろう」と丁寧に伝えた方がいい場合もあります。土台になる知識がないとか、即興に慣れていないとか……ここに至るまでの積み重ねがないなら、それを補足しないと活動に入れませんから。僕も一応両方の伝え方を用意しておき、その上で状況に応じて提示の仕方を調整しています。

僕はあれこれ言わないように心がけてはいますが、「子どもたちが自分でつくりたくなる、つくれるようにするための準備」は丁寧にやりたいと思っています。「教えこむ」よりも、子どもたちと一緒に深めていくことを大事にしたいですから。

「まとまり・つながり・終わり」を音楽づくりの手がかりに

Q 子どもたちはよく「まとまりが〜」とか「終わりが〜」と口にしますね

「まとまり」とは、たとえばリズムのまとまり。1小節目が というリズムで始まったら、続く2・3・4小節目も同じリズムだと「まとまった感じ」がします。でも逆に4小節目を違うリズム、４分の４ ♩ ♩ ｜ などにすることで、むしろ全体のまとまりを感じられることもある。

「つながり」は、音がどう連なっていくか。音が上がっていくのか下がっていくのか、前の小節の最後の音と次の小節のはじめの音が滑らかにつながっているか、逆に急激な落差をつけてインパクトをねらっているのか……それらの「つながり」が、全体のまとまりになっていきます。

「終わり」はすごく大事。どんなにぐちゃぐちゃでも、最後に1発鳴らせば音楽は終われる。逆にそれまでがどんなによくても、終わり方でこけたら締まらないですからね。

終わり方とは「ド（主音）で終わる」ことだけではありません。みんなで1発鳴らすのも、デクレシェンドするのも、どんどんテンポを上げて終わるのもありだし、休符で終わりでもいい。旋律ではなく、リズムだけでも充分に終わりを感じたり、つくったりすることはできますよ ➡ p.28 。終わり方をどうするか、そこに向けて音楽をどう進めていくか。そこには、考える種がいっぱいあります。

Q 「まとまり・つながり・終わり」の感覚はどうやって身につけるのですか？

最初は理論的なことは言いません。即興表現の時に、偶然できた終止感をつかまえて「今、終わった感じがしたね」と話題にするぐらいです。まずは「終わった感じがする」「いろんな終わり方がある」という意識が生まれればいい。そのうち、意図的に「終わりをつくる」ことが楽しく、心地よくなってきます 。

でも、それは感覚的なものだけではできない、考えないとできないこと。「終わりの音を何にしようか」と考えたり（その結果、ドを選ばないとしても）、終わりっぽいリズムや音型を考えたりしないと「終わり」はできません。「終わりをつくる」というシンプルな目的を果たすだけなのに、その奥にある思考は意外と深いんです。

「まとまり・つながり・終わり」は、歌唱教材の学習やリコーダー練習曲などでも押さえておきます。曲の構造、繰り返し、終わりの音やリズムはどうなっているか……たとえば『ふじ山』なら、

「つながり」でいくと、3段目は流れに従ってどんどん上がっていきそうだけど、全体の「まとまり」を考えると、1回下がってから最後に再度上がるのは妥当である。（この分析はもちろん、歌唱表現の学習にも直結する）

……と、音楽の授業の様々な場面で「まとまり・つながり・終わり」を意識しているから、子どもたちは自然にそれを軸にした思考ができる。「まとまり・つながり・終わり」は音楽をつくる時だけでなく、演奏の時や分析の時にも重要ですしね。

Q 「音楽づくりは今までと違う特別なこと」という意識がないから子どもたちが気構えないんですね

作曲の勉強をした人は、和声や対位法など音楽的な理論を使って音楽をつくりますが、子どもはそんな理屈を知る由もないし、それを教えてもつまらない。かといって、それらを使わずに音楽をつくるためには「こういう手順で考えていけば、ある程度うまくいくよ」という別の手がかりが必要になる。そのために僕は「まとまり・つながり・終わり」を掲げることにしたんです。

国語で作文を書く時も「まとまり・つながり・終わり」を意識しますよね。すなわち「まとまり・つながり・終わり」とは、あらゆる創作での「構成力」。だから子どもたちも「ああ、そういうことなら自分にも考えられるよ。だって国語でやったから！」と気構えずに取り組める。子どもの思考を活かしたいのなら「どう考えたらいいか」という道筋をつくってあげることが必要ですね。

Q11 題材づくり
器楽の演奏技能・楽器の特性も気に留めて

Q 音楽づくりなのに「いい音で」とか演奏技能に関する言葉がけも多いですね

まず留意するのは「器楽としてではなく、音楽づくりでのねらいを達成する手段として楽器を使う」ということ。でも「楽器なんて音が出ればいい」ではダメなんです。つくった音楽は最終的には楽器で表現されるのだから、どんなにいいものをつくっても、音が拙ければよさが生きない。**技能にも気をつかう方が作品が引き立つし、そこにこめた思いや意図も伝わりやすくなります。**

それに音楽づくりの活動といえども、器楽の技能を押さえられます。器楽の教材曲では「楽譜どおり吹けるか」に目が行ってしまうので、音色や息づかいを指導するのは意外と大変。でもたとえば「1音アドリブ」ならソの1音しか使わない分、純粋に息づかいや音色をチェックできます → p.31 。「音楽づくりの活動をした」ことが、器楽の活動にもプラスに反映された方がいいですよね。

Q 楽器によって、子どもたちの思考の仕方や表現も変わるのでしょうか？

リコーダーなら、教科書で最初に出てくるシの音と、だいぶ後で登場する低いドの音を出す難易度は違うということに注目。その分、子どもの思考やエネルギーのかかり方も変わります。

楽器を使うなら、そんな「楽器の特性」も考慮する必要があります。むしろそこから新しい発想が出る時も → p.61 。

一方、鍵盤ハーモニカは高音も低音も等しく出せますよね。指づかいや姿勢など、より上達するために教えられることはありますが、音楽づくりの時間ならあまり求めません。必要なのは器楽としての演奏技能ではなく「楽器で自分の考えを表現するための技能」。そこを割り切ると、教えるべきことと捨てておくべきことが明確になります。

Q 鍵盤ハーモニカで同じ音が連続する時タンギングを使わず指で切る子もいました指導しなくていいのでしょうか？

指でもタンギングでも、その子が求める音が実現できているのなら指導はしません。ただ、知らないのとやらないのは違うので、両方を味わわせるのは大事ですね。まずはやりたいようにやらせて、その上で逆も体験させます。タンギングで切る子には「指で切る方法もあるよ」、指で切る子にはその逆を。最初から一方に強制されると不満しか残らないし、世界が広がりませんから。

それに、わざわざ教えなくても子どもがタンギングを求める時が来ます。「細かい音符を使いたい」と考えた子は「でも、そんなに速く手が動かない」と困るはず。そこでタンギングを教えてあげれば、「できた！」という喜びとともにタンギングを獲得できます。器楽でも音楽づくりでも、**技術は子どもが必要だと思った時、あるいは必要だと思わせる状況をつくってから教えればいいんです。**

Q 音楽づくりを通して「この楽器はこういうものだ」という固定観念も変わるのがとても楽しいですね！

音楽づくりの授業計画を通して、先生方にも「楽器の特性」を考える楽しみを知っていただきたいですね。**曲を演奏する喜び、そのために一生懸命練習することの大切さだけではなく、「この楽器にはこんな特性があるんだ！ それならこんな使い方もしてみたいな」という楽器との付き合い方もある。楽器の特性の探究自体にも学びが詰まっています** → p.16 。

僕たちは何のために、子どもたちに演奏技能を習得させるのでしょうか？ 僕には「楽器ができると、音楽について考えるためのツールとして使えるから」という理由が1つあります。音楽づくりで自分の考えを楽器で確かめたり、楽器で表現できたりするのは、器楽での積み重ねがあるから。分野同士は互いにつながっているし、「歌唱や器楽に時間が必要だから、音楽づくりはできない」なんて対立するものではないはずです。

Q12 ■題材づくり
グループ分けは活動への意欲と成果を大きく左右する

Q グループ活動では、どんな人数・分け方にするかも重要なのでしょうか

まず大事なのは、1グループあたりの人数が少ないほど、1人ひとりの役割が相対的に大きくなるということ。それを踏まえ、活動のねらいや状況に応じて人数を決めます。

■2人組
・話が早くまとまりやすい、気軽に試しやすい
・音の重なり・問いと答え・合いの手　などの、基本的な音楽の仕組みがすぐ試せる
■4人組
・4小節のまとまりのあるフレーズを意識しやすい
・ベース・主旋律（2人）・かざり　というような、役割のあるアンサンブルができる　→p.64
■8人組
・たくさんの楽器を使った、スケールの大きい作品ができる（楽器の組み合わせなどで発想も広がる）
・ただし、グループ内の意思統一が難しくなるし、全員が活躍できるように配慮が必要

それから、作品の長さとの関係もあります。グループ内の人数が多いほどグループの数は少なくなり、発表をするにも1グループにかけられる時間が長くなる。その分、大きい作品がつくれます。8人組なら1分半程度でもいいですが、2人組なら20秒程度ですね。

「1人でつくる」ことは、僕の授業では（即興を除けば）めったにありません。**1人での音楽づくりは、グループ活動で経験を積み重ねて成長してから**。僕はよく6年生の最後に「8小節を1人でつくる」という活動をします。小学校での音楽づくりの最終目標として。

Q 決め方は席順や好きな人同士でいいんですか 技能差は考慮しないのですか？

低学年や即興的な活動ならその場で適当に決めたグループでもいいですが、時間をかけてつくり上げる時は人間関係も重要です。気心が知れていないと、遠慮なくアイディアを出し合ったり、相手の表現に意見したりできませんから。

だから、席順でグループをつくるなら学級経営の状態に留意しますし→p.54、「好きな人同士」も悪くない。気が散る心配はありますが、「好きな人同士で組むんだから、その分いいものをつくってね」と釘をさしておきます。

どんな決め方にしろ、**技能差は意識しません**。たとえば「評価がCの子とAの子を組ませる」というやり方だと、Aの子はCの子の支援ばかりとか、Cの子のレベルに合わせてばかりで「もっと先へ行きたい」という気持ちが潰れてしまうかもしれません。Cの子の方も「自分が足を引っ張ってる……」と肩身が狭くなったり「できる子についていけばいいや」と受け身になってしまったり。それでは誰にとってもいいことがないですし、そもそも支援は僕ら教師の仕事ですよね。

「Cの子ばかりのグループができちゃった」という時もあるでしょう。似た者同士は仲がいいものですから……。でも、それなら教師はそこを集中的に支援すればいいし、その中でリーダーが生まれたり、不得手なりに頑張ってアイディアを搾り出したりするようになる。支援が必要な子が分散して共倒れになるより、むしろうまくいきます。

Q もし孤立してしまった子がいたら、どうフォローすればいいのでしょうか

まず「絶対仲間に入りなさい」と言うとプレッシャーになるので、「1人でつくってもいいんだよ」と安心させます。その上でどこかのグループが誘ってくれるようにさりげなく働きかける。声をかけてくれるグループがあっても、入るか否かは本人が決めます。「とりあえず入っておいて、やっぱり合わないと思ったら出ればいいんだよ」と、逃げ場があるということも伝えておきます。

「仲よくすることは素晴らしい」とだけ言われていると、何かの理由でそれができなくなった時に、学校自体から居場所を失ってしまう。だから子どもたちは仲間外れを極度に恐れて、出る杭にならないようにと自分を出さなくなる。むしろ「あまり仲よくない人とも適度な距離感で円滑な関係を保つ力」の方が、生きていく上で必要な力、子どもたちに身につけさせたい力だと思うんです。

87

「即興表現」「つくり上げる」「完成させる」それぞれの意味と価値

■題材づくり

 音楽づくりにとって、即興表現にはどんな意義があるのですか？

即興表現なしに音楽づくりは始まりません。即興表現のよさは、クラス全体やグループではなく、1人ひとりが自分の考えで表現できること。考えが音という形で外に顕れること。顕れることで、その子の考えに教師や友達が気づけること。その考えや表現を、すぐ友達に活かしてもらえること……これらのことは、他の教科ではできない体験だと思います。算数で1人ずつ考えて表現する時間を設けていたら日が暮れますし、1つの文章題を解く方法にもそんなにバリエーションはありませんしね。

即興表現の時、子どもがどんなことを考えているか、いくつか挙げてみましょう。

- ●何の音から始めるか考えてみた
- ●リズムを考えてみた
- ●リコーダーに息を吹き込んで指を動かしてみた
- ●気持ちの向くままに吹いてみた
- ★友達の表現をまねしてみた
- ★伴奏のリズムに合わせてみた ……

……子どもたちの思考には何種類かあると思いますし、いろいろあっていいんです。

でも、中でも★の2つのようなものは、かなり素敵なことですよね。「あの子がラを使ってたから、僕もラを使おう」「あいつは休符を使ってたな。僕は逆に休符を使わないパターンで行こう」「楽しいリズムが鳴ってるな。それにのって細かい音符を使おう」……互いの表現や音楽に影響されて、考えがふくらみ、それがすぐ音になって表出される。それを聴いた別の子が、さらに思考を刺激されて新しい表現を生み出す。そういう「伝染」が、即興の面白さの1つだと思うんです。

それに、楽譜に記された音楽なら誰でも何度でも同じことができますが、即興はまさにその場でその人が考えたものしか表現できないし、その場にいなければ聴くことができない。毎回が試行錯誤とチャレンジ。その一瞬一瞬を楽しむこと、「その場限りで消えていくよさ」というのも、またいいものですよね。

 即興・つくり上げること・完成させることそれぞれに学びがあるんですね

即興は、1人ひとりが自分の考えをもち、それを表現する場。で「つくり上げる場面」は、子どもたちがそれぞれの考えをもち寄って、構成や組み合わせを考えながら「まとまりのある音楽」を目指していく場。でも「つくり上げる」というのは「楽曲を完成させる」「完璧に仕上げる」という意味ではありません。むしろ音楽づくりの学習においては、結果的に完成しなくたっていいと思うんです。その作品がいいか悪いかよりも、その表現に行きつく過程で考えたこと・経験したことに学びがあるのですから。

それに、「完成させる」ことにはまた別の意味があります。**作品を完成させるためには、たくさんアイディアを出し、試した中から、最後は1つを選んで「これで行こう」と決断しなければいけない。**何を選ぶのか、何を残して何を捨てるのか、捨てるのが忍びないのなら別の形で活かすことはできないか……それまでと違う思考・判断がたくさんあるし、それらを経て「自分はこれに決めたんだ！」と胸を張って出すものには、自信や責任があります。完成までの過程を経験することもまた、子どもたちを成長させるんです。

世の中に出回っている音楽でも、完成された音楽をCDや楽譜などの形にパッケージングして流通させるパターンと、ジャズなど即興性が好まれるパターンがあります。同じ曲でも「今回のライブではベースラインがCDと違う」ということはよくありますよね。でも、ライブもまた大事な作品・商品なのであって「CDが正しくて、ライブは間違っている」というわけではありません。

「完成された音楽」にも「即興的に表現する音楽」にも、それぞれに音楽としての価値がある。だから、子どもたちにも両方をバランスよく経験させたいですね。即興ばかりでも考えが深まらないし、つくり上げる・完成させるばかりでも世界が広がっていきません。両方を学ぶことで、それぞれのよさに気づくこともできますね。

88 第2章 音楽づくりの授業Q&A

■評価・支援

子どもの表現や思考を中心にした授業をするための教師の視点

Q 子どもの表現や発言を中心に授業を回すなら、まず教師がそれを適切に拾う必要がありますよね

この本で紹介しているような、子どもの表現や発言をもとにする授業に慣れていない先生は、不安かもしれませんね。子どもたちがどんな表現を出してくるかはその時になってみないとわからないし、「いい表現が出なかったらどうしよう」「いい表現が出てきたのに、見落としちゃったらどうしよう」と……でも大丈夫、子どもたちはきっと豊かな表現を出してくれます。その見方・拾い方も、ポイントを押さえれば心配いりません。

まず指導計画の時点で「こんな表現が出そうだな」と予想して、その中から「どんな表現を拾おうかな」と考えておきます。たとえば面白い奏法のもの、休符を使ったもの、誰かのまねをしているもの、まとまり・つながり・終わり ➡ p.85 があるもの、共通事項に関するもの ➡ p.82 ……そうやって自分の中に観点を定めて子どもたちの表現を見ていれば、「これは！」というのが出た時にすかさずキャッチできますよ。

僕はできるだけ多くの観点から拾いたいと思ってしまうのですが、難しければ教師の観点も絞ればいい。「今日はリズムに着目させたいから、リズムが面白いものだけ拾おう。いい姿勢や音色の子がいても今日は流す！」というふうに。姿勢がいい子はまた別の機会に拾ってあげればいいんです。表現の場はこの1回きりではないのですから。

ただ僕は「今回のねらいに合わないものは、絶対に拾わない！ 指導内容がぶれるから！」とは考えていません。他の活動につながりそうなものはできるだけ拾って共有しておくのも、また大事なことなんです。音楽科の目標には全活動を通して迫るのですから。「流す」とは無視するのではなく「深く入らない」ということですね。

それから、発言を予想して構えておくには注意点があります。たとえば「休符に着目した発言を拾おう」と決めていても、子どもたちが「休符」「お休み」という言葉を使うとは限らない。「音と音の間が空いていた」のような言葉で休符を表すかもしれません。「休符」という単語に固執しないで、リアルな子どもの言葉に耳を傾けます。

Q 先生は子どもたちのツッコミや呟きから表情まで抜かりなくチェックしていますね

教師はどうしても表現している子、音を出している子にばかり目が行ってしまいますが、実は聴いている子の方をよく見ています。むしろ実際に授業を回すのは周りの子たちの反応なので、それらも並行して拾わないといけません。

表現している子と周りの子を同時にチェックするには……耳は表現する子に向けて、目は周りの子たちに向けます。表現している子が考えていることは、耳で音を聴くことでキャッチし、目では周りの子たちを見て、身体の動きや表情をチェックしています。「肩を揺らして拍をとってる。拍の流れを意識して友達の表現を聴いているな」とか「目を丸くした！ 何かに気づいたな」とか。

Q でも、特にグループ活動では全員をつぶさに見取ることはできないと思いますが……

グループ活動で誰がどんなふるまいをするかは、即興表現で1人ひとりを見ているとなんとなくわかるんです。即興の場面で優れた表現や思考をする子は「この子、グループ活動で鍵になりそう」と思うから、グループ活動の時はその子を少し意識しながら見取る。逆に支援が必要な子も即興の時に把握できますね。

でも子どもたちは、そういう子を活かすために教師が見ていない間にもいろいろ考えるんです。運指が苦手な子には「使う音は1つだけにして、その代わりにリズム考えなよ！」とか、リズムが遅れがちなら「長い音符を多くしたら？」とか。それは音楽科として評価できることかはわかりませんが、教育としては本当に価値があること。だけど「この子には元々どんな技能があるか」「誰が支援の必要な子で、誰がサポートできそうな子か」がわからなければ、そんな子どもたちの隠れたファインプレーにも気づけません。

即興表現の経験なしにグループ活動に行くと「できる子がぜーんぶやっちゃった」としか見えなくなってしまう。1人ひとりの輝きを教師が見逃さないためにも、即興は大事にしたいですね。

Q15 ■評価・支援
教師の価値観の押しつけにしない音楽づくりでのアドバイスの在り方

> **Q 音楽づくりでの、指導とアドバイスの違いとは……**

	指導	アドバイス
目的	ねらいの達成	ステップアップ・発展
作品の状況	原型をつくる	磨き上げる
評価でいうと	CをBにする	BをAにする
立場	教師の立場	子どもたちと同じ立場
言い方	「こうしていこう」	「先生ならこうするけどな〜」
子どもには	受け入れてもらう	受け入れるかどうかは子どもが決める

　指導というのは「しなくても充分な状態」なら必要ありませんよね。でも、ねらいを達成していないなら指導をしなければ。子どもに任せるだけでは学習は成り立たないので、教師が出るべきところにはしっかり出て、子どもを導きます。

　それから、指導と指摘も似て非なるもの。たとえば、リコーダーで低いドの音が出せない子に「ドが出てないよ」とだけ言うのは単なる指摘。僕ら教師がまずやるべきことは「大丈夫だよ、練習すればできるよ」と言って安心させることですよね。それからファ・ミ・レの音が出せるかを順に確認して、それもできるなら息の強さやタンギングのコツを伝えて、1つひとつクリアできるように導いていく……それが「指導」だと思います。

　逆に「よくできました」と褒めるだけでも指導とは言えない。今の状態を評価したら、次の課題を伝えます。行き先がわかればまだまだ先に進める子どもたちを、そこで留めたくはないですから。

> **Q だけど教師とはいえ、他人の創作物にあれこれ口を挟んでいいんでしょうか？**

　アドバイスは子どもたちがさらに作品を磨き上げるため、さらに上のレベルに行けるようにするためのもの。教師の考えの押しつけにならないようにするには「先生が君たちの立場ならこういうのもありだと思うけど、どう？」と問いかける形にすることと、「先生はこうアドバイスするけど、それを使うかどうかは君たちが決めていいんだ」というスタンスを明確にすることですね。

　アドバイスをする時にまず心がけているのは、たとえばすらすらピアノが弾ける子に「『2つの黒山の隣がド』と覚えるとわかりやすいよ」とか、子どもが「先生、その情報はいらない」と思いそうなことは言わないこと。かといって、あまりにも現状とかけ離れた情報もいりません。子どもたちが求めるのは「すぐには手が届かないけど、少し力を注げば届きそうなところ」の情報です。

　アドバイスの時によく使うのが「比較」。「君たちはこうやっているけど、こんな案も考えられるよ」と、子どもたちの現状と僕の案を並べる時もあれば、僕から2つの案を出して「どっちがいいと思う？」と投げかける時もあります。**比較させる時のポイントは「細かいリズム・長いリズム」のように、差を極端にすること**。作品の特徴や前後関係からすると、必ず細かいリズムの方を選ぶはずだとしても、「なぜ自分たちはこっちの方がいいと思うのか」という思考のきっかけができる。そうすると「前後とまとまりができるから」とか「長いリズムが来ると流れが止まっちゃうから」とか、音楽的な根拠に基づいて考えが深まります。そこから子どもたち自身によって第3の案が浮かぶこともあるし、「いくつもの選択肢から、僕たちが選んだんだ！」という自負が、作品への思いや愛着にもつながります。

> **Q 子どもが受け入れなかったとしてもアドバイスをした意味はあるのでしょうか**

　アドバイスするからには、それを子どもたちが使ってくれたら嬉しいなとは思いますが、結局「先生が言ったのをやってみようかな」と思ってくれても、「やっぱりやーめた、僕らは僕らで行くんだ」という結論になってもいいんです。目的は子どもたちにアイディアを提示して、問いかけて考えさせて選択させることですから。1つの選択肢しかなかったのか、それ以外の可能性を探らなかったのか、あるいはいろいろな選択肢を知り、吟味した上でそれを選んだのか。結果は一緒でも、思考の過程は大きく違いますよね。

　子どもたちは僕のアドバイスを使わなかったとしても、次の題材でそれを思い出して活用するかもしれない。僕が最終的に望むことは、アドバイスを受け取った子どもたちがいつか何かの機会で、自分自身の力として使ってくれることなんです。

■評価・支援

グループ活動での個別指導・中間発表の目的、指導のポイント

 何時間にもわたるグループ活動でも、みんなのやる気が続くのはなぜですか？

グループごとの指導の目的は、まず進捗を確認し、「これでいいのかな……」という不安に対して「君たちの方向性は間違ってないよ！」と保証してあげること。さらに現状で満足させず、次の課題を与えること。この両方があるから、最後まで全員が頑張れるんです。

指導内容はグループによって変えます。「どのグループにも同じ指導をするべき」と思うかもしれませんが、作品の特徴も進度もメンバーの性格も違うし、各グループに合った課題を柔軟に与えてあげたいですから。指導の形式には2パターンあるので、状況に応じて使い分けます。

●**教師が各グループを回る「今の状態を見せて」**

最初の段階では、子どもたちの思考は形が定まらずにモヤモヤしているはず。まだ教師に聴かせるものもないし、質問したいこともわからない。だから僕の方から様子を見に行きます。ただ「困ったらいつでも呼んで」とも言っておきます。

僕が「ちょっと見せて」と声をかけても、子どもたちは「まだできてない」とか言いますが、僕には考えが固まってきて、形ができ始めたのが見える。そこで支援をしなくても自分たちで進められそうなら、そのグループに長居はしない。だから僕が留まる長さもグループによって違います。

●**子どもたちが教師を訪ねる「できたらおいで」**

活動が軌道に乗ったらこちらの方式。とはいえ、なかなか来ないグループや、子どもたちに任せておくのが不安なグループには僕から足を運びます。

教師のチェックやアドバイスを経てそのステップを達成できたら、グループごとのスピードで次のステップを指示していく。**進度まで全員で揃えようとすると速いグループはダレてしまうし、ゆっくりのグループは焦るばかりですから。**最後のステップをクリアしても「じゃあ終わりね。何か別のことをしてて」とは言わずに、もっと磨き上げるためのアドバイスを。すると子どもたちはまた考えて、さらにいいものを出してきますよ。磨き上げることに終わりはないし、その過程で考えることに学びが詰まっているのですから。

 グループ活動の途中にも、中間発表をしばしば行うのはどうしてですか？

刺激を与えるためですね。聴く側は自分たちの進捗と比べて安心したり、のんびりしていたグループは「僕ら遅れてるかも！」と自覚したりできるし、発表する側はコメントをもらって、自分たちの魅力や課題に気づけます。それから「このグループは『速度を変えていい？』って聞きに来たんだ。だからこういう表現になったんだね」「先生、君たちに『強弱をつけたら？』って言ったよね。それを試したんだね！」と、**グループ指導でのやりとりを全体に広げる意味もあります。**

発表はスタンダードな表現のグループから始めて、まずみんなを安心させます。その後は表情や活動の様子で判断。活発に意見を出してガンガン進めていたグループは張り切って発表してくれるでしょうし、いまいち盛り上がっていなかったグループなら、その時間に発表させるのは見送ります。

「オレたち、どうしても発表したいんだ！」としつこくアピールするグループは、たいていユニークな表現を出してきますよ。ただ、進度の速いグループや奇抜な表現を発表させる時には配慮が必要です（→p.55）。

 発表の時、先生はどんな点を聴き、何に目を配っているんですか？

実は、僕はあまり演奏は聴いていません。各々の作品はグループ指導で真剣に聴いているので、進捗や表現の特徴は把握していますから。子どもと同じ目線ではなく「次はどのグループに発表させたら思考がうまく流れるかな」と、クラス全体や前後関係を見通して場を回す役に徹します。

それから必ず指導するのは「自分の表現に責任をもつ」ということ（聴く側に「真剣に表現するんだからしっかり聴けよ」と牽制する意味も）。1小節なら数秒で終わるし、歌や器楽に比べたら気楽かもしれないけど、同じ「発表」なんです。この心構えは、音楽をやるなら誰もが大事にすべきだけど、教えないと知りえないこと。だから、こういう機会にきちんと伝えてあげたいですね。

■評価・支援
表現を「聴く力」と「まねに対する価値観」を育てる

Q 音楽づくりで大切なのは豊かな発想力や表現への積極性につきるのでしょうか

僕は意外と、表現する側よりも「聴く側」を育てることを考えています。一生懸命つくり上げた作品を発表しても、そこにこめた自分の考えが聴き手に伝わらなかったらさみしいし、子どもたちは発表する側と聴く側を行ったり来たりしているのですから、聴く側としての「伝わる力」「受け取る力」も必要です。まずは相手の表現を受け入れようとする姿勢。聴く側が「ああ、あれいいな」と素直に思える雰囲気にしておくことはとっても大事。「あの子の考えを僕も生かしてみたい」「まねしてみたい」という気持ちになれるように。

聴く力が育つと、ただ「上手だなぁ」「音が外れてる。ヘンな音！」という"音に対する感想"ではなく、「あの子はどういう考えでこの表現に行きついたのかな」という観点がもてる。そうすると演奏にミスがあっても「難しいリズムに挑戦したからかな。頑張ってみたんだ、すごいな」「本当は高い音を出したかったのに、失敗しちゃったのかな。でも、そのアイディア自体は素敵だな」と……音を聴くだけでなくその奥の思考を察して、讃えたり思いやったりできるようになります。

Q 「聴く力」を育んでいるから、子どもたちは真剣に友達の表現を聴くんですね

それもありますが、最大の要因は「自分たちも同じ条件でつくっているから」 ➡p.84 です。「全員で条件を揃える必要はない」という考え方もある。使う旋法や楽器をそれぞれのグループで選ぶとか……でもそうすると、子どもたちの考える視点がぶれてしまうんです。まったく同じ条件にみんなが挑むからこそ「自分はこの条件の中でこう考えたけど、あの子はどう考えたかな」「自分たちはここで困ったけど、あの班はどんな解決方法をとったのかな」と、互いの表現や考えが気になるし、その分聴く側も真剣になる。

友達の発表を聴いた子どもたちは、僕も見つけられなかった点に気づくことがあります。「すごいね、どうして気がついたの？」と聞くと、「だって、僕たちもやったから！」と。条件が一緒だからこそ、自分たちと比較したり共感したりしながら聴けるし、それが子どもたちにとっての「聴きどころ」になるんです。これも個人で創作をすることとの違い、「学校で、みんなで音楽づくりに取り組むことのよさ」の1つでしょう。

それから、これも条件の提示の仕方によるところですが……子どもたちが「自分たちの力で音楽をつくってる」という手応えを感じていることも一因です。条件はみんな一緒、しかも仲間が自らの力でつくっている音楽。だからこそ、互いの表現にも努力にも本気で向き合いたくなるんです。

Q 友達のアイディアを模倣して「まねした！」とトラブルになることはないんですか？

僕が指導している子どもたちは「いいと思ったらまねをしていい」とわかっているし、そのための言葉がけもしています ➡p.20 ほか 。でも、そういう教育を受けていないと「まねした！」と責める子もいるかもしれませんね。子どもが「まねされた。嬉しい！」と思うか、「パクられた。ひどい！」と思うかは、教師がどんな価値観を伝えるかにかかっています。

まず伝えたいのは「まねをされることは誇らしいことだ」ということ。まねをされた側の子には「君の表現に、それだけ魅力があったってことだよ！」と。評価にも反映していいと思います。他の子がその表現をまねしたいと思ったのは〈音楽表現の創意工夫〉があったからですよね。

それから、まねする側の子が「友達の演奏をしっかり聴いていたからこそ、まねができた」という価値を共有すること。「どんなに大きな声で歌えても、友達の演奏を聴こうとしない人はどうなのかな。歌う時はちっちゃい声でも、友達の演奏に耳を傾けられる人を評価したい」とも話します。

些細なことですが、子どもたちの発表の場で僕はよく「ちゃんと聴けた人、拍手！」と言うんです ➡p.34 ほか 。子どもたちの間に拍手があふれて和やかな雰囲気になりますが、実は「自分がちゃんと聴けたかどうか」という自己評価。この一言だけでも、子どもたちの「聴く側」としての意識がちょっとずつ育っていきます。

■評価・支援

ピンチを成長のチャンスに変えるための言葉がけとサポート

> **Q** 音楽づくりの活動では、子どもたちの焦り顔や困り顔もよく見ます

　特に即興では、子どもはあらゆる場面で「迷う」。どんな表現をしようか、友達の表現を聴いて「あれいいな。まねしようか、それともやめようか」……そこには膨大な刺激と思考、判断があるのだから。**迷うということは、考えているということ。いいかげんにやっているわけではないということ**です。それに「迷ってもいいんだ」「誰しも迷いなくできる時ばかりじゃない」ということも子どもたちに知ってほしい。そうしたら迷っている相手にも自分にも優しくなれるでしょう。

子どもの迷いは細かいサインから読み取ります。音を出す前の一瞬の間とか、目が周囲を伺うとか、いつもより動作が控えめだとか……心持ちは言葉よりも、そんな仕草の端々に顕れるのですから。

> **Q** 「できない」「わからない」「先生、質問」と潔く声を上げられる子も多いです

　「『私はこれができなくて困ってる』と言えるのも、大事な能力だよ」と教えています。同じ"できない"状態でも、「無理。やーめた」よりも「今はできないけど、できるようになりたい」の方がずっと尊い。その第1歩が「困った」と伝えられることですよね。それに、困っている子を見つけて手立てをとるのが教師の仕事ではありますが、「クラスには何十人もいるんだから、先生だってもらさず読み取るのは無理だよ。だから、困った時は自分から教えてね」とも言っておきます。そうすれば助けを求めやすくなりますから。

「できなくても別にいいや」と開き直る子は……「できなくてもいいんだよ」なんて流さず、「はい、君の番だよ」「どんな音を出してくれるのかな」「待ってるよ」と畳みかけて「あああああ、オレが何かやらなきゃここから抜け出せない！」という焦りを味わわせるんです。で、搾り出せたら絶賛。それを経験すると「諦めないで、やるべきことに向き合わなきゃな」と思えるようになります。

でも「マジメにできたね！」と態度面を褒めることはせず、他の子と同様「シンプルで素敵」とか音楽的な観点で褒める。だから周りの子も「頑張ったね、偉いね」という上から目線ではなく「彼の表現も面白いな」と同じ土俵で尊敬し合えるんです。

> **Q** 子どもたちは「困った時はこうすればいい！」という切り札も持っていますね

　「1音出すだけでもいい」「いざとなったら全休符」など……「困った、考えがないのに順番が来ちゃった！」という状況でも、とりあえずそれを出せばなんとかなる（だからこういう切り札を持たせること自体も、失敗をおそれず表現させる手立ての1つです）。そうして「どうにか切り抜けた」という経験を重ねることで、**生きていく上のアドリブ力、機転を利かせる力**も育ちます。

即興ではなく、ある程度の長さの作品でも「つくったとおり、間違えずに演奏できたか」に言及すると、演奏技能の範疇になってしまう。自分たちがつくった音楽なんだから、とっさに変更しても何も問題はないし、（本人たちにとっての）間違いが味になることもある。子どもたちも教師も「多少変わってもいいや」ぐらいの心持ちで構えればいいんです。それも人生に必要な、いい意味の「ごまかす力」「現状を受け入れる力」ですよね。

> **Q** 先生は、子どもがフリーズしちゃってもまずはじっと静観しますよね

　子どもは「どうしようどうしよう」と必死に考えている状態ですから、声をかけられるとさらに混乱してしまいます。それに、少し間をおけば自分で答えを見つけて軌道に乗れることも多い。だから、数十秒ぐらい待ってあげましょう。その間に別の子が「こうしたらいいんだよ」と耳打ちしたり、「代わりに自分がやるよ」と動き出したりするかもしれない。**教師が入らないからこそ、子ども同士で新たなかかわりが始まるんです。**

子どもが困らないように先回りして支援すれば、活動はスムーズになるでしょうが、極論を言えば子どもの活動が「ただの作業」になってしまう。追い詰められた時にこそ学べること、経験できることもいっぱいある。子どもたちにはピンチをチャンスに変えて、逞しく成長してほしいですよね。

Q19 ■評価・支援
みんなが音楽を好きになれる子どもの見方・個性の伸ばし方

Q「音楽づくりをやると、子どもの新たな面が発見できる」とよく言われますが……

……実は、僕はあまりそう思いません。だって元々、教室にはいろいろな子がいるんですから。積極的にガンガン行く子がいれば、じっくり考える子、言われたことをきっちりやるのが得意な子もいる。もちろん普段から周りを引っ張っていく子は、音楽づくりでもグループをリードすることが多いですが、**「積極性がある子が最も優れている」**というわけではないですから。すぐ動ける子は「あんまり深く考えてない」ともいえますし、深く考える子や慎重な子は、立ち上がりは遅くてもしっかりした考えを出してきますよね。

特別なことをしなくても、誰がどんなキャラクターかは日常的に子どもと接する中で見えてきます。大事なのは、**１人ひとりキャラクターが違うということ、そのキャラクターの長所や短所、それが発揮される場面は異なるということ**……それを心に留めて、様々な面から子どもを見ることだと思います。音楽づくり、音楽の授業に限らず。

Qでも「音楽の授業が嫌い」という子は先生のクラスにはいない気がします

ポイントは「子どもと音楽の授業との接点」。クラス全員が同じように音楽に対する意欲や積極性をもっているわけではないし、歌唱や器楽だけをとっても意欲や関心の深さは人それぞれ。だからその子のキャラクターのどこかで、音楽の授業のどこかとつながればいいんです。器楽が得意な子は器楽、歌が好きな子は歌でいいし、接点は音楽的なことではないかもしれません。

「発表したり発言したりすることが好き」「考えること、発想することが得意」なら、そういう場面でつながればいい。それこそ「先生から言われたことを正確にこなす」「楽器の後片付けが丁寧」という点でつながってもいい。そうやって**「子どもたちのそれぞれの面で、音楽の授業の様々な点とつなげよう」**という気持ちで授業をしています。たとえ歌が苦手でも、その子の何かしらの部分で音楽の授業とつながっていれば、音楽の授業自体を嫌いにはならないでしょう。

「音楽づくりで子どもの新たな面が顕れた」とよく聞きますが、それは「子どもと音楽との接点が１つ増え、元々その子がもっていた一面が教師にも見えるようになった」ということだと思います。もちろん、歌唱も器楽も音楽づくりも鑑賞も得意で、音楽が大好きで、なんでもそつなくできて……という「すべての面で音楽の授業とつながれる」子もいます。でも、**全部を全員とつなげようとするのは諦めた方がいい**。そこで無理強いすると、音楽嫌いを増やしてしまいますから。

何人か前に出てきて演奏してもらう時、１度も立候補しない子もいますが、「全員必ず、１度は前に出ること」なんて強制はしません。ライブでも手拍子したい人、踊りたい人、座ってゆっくり聴きたい人……それぞれのお客さんがそれぞれの方法で参加している。学びの場だって、**聴いてわかる子も、実際に演奏して理解する子もいるんです。学習のねらいを達成できるなら、多様な参加の仕方があっていい**。自信がないのに無理に前に出して「やらなきゃよかった」と思わせる必要なんてありません。みんなの前に出なくても、全員に順番が回る即興表現やグループ活動……その子が表現する場は他にもいっぱいありますしね！

Q「１人ひとりの個性を見落とさない」ということでしょうか

個性、個性と言いますが……音楽づくりでも、いきなり「君だけの個性あふれた作品をつくりなさい」というのは難しいもの。では個性はどこに顕れるかというと、まずはいい意味での**「他者との差別化」**。みんな同じ条件で音楽をつくっても、他の子と比べて低い音が多いとか、短い音を使っているとか、違い・特徴は必ずにじみ出ます。

「なんだ、そんなこと？」と言われるような微妙な違いですが、それを「こうしているのは実は君だけだよ。それを活かしてごらん」と教師が見出してあげればいい。それが「何気なくやっていたことが、自分だけの特別なものだったんだ！」という自信にもなるし、「なら、それをもっと伸ばそう」という次へのモチベーションにもなります。そうやって、個性を育ててあげたいですよね。

あとがき

　本書は、音楽ライターの小島綾野さんの約1年に渡る授業取材とインタビューによって完成へと至りました。何度も何度も本校に足を運び、私の授業を見ていただきました。授業リポートのページを開けば、小島さんの授業を見る視点、そして、子どもの表現を受け取る姿勢が素晴らしいことがお分かりになると思います。また、Q&Aのページを開けば、「音楽づくりの授業のよさを全国の先生方に広めるんだ」という熱い想いが伝わってきます。そんな小島さんが私に1つだけ注文をつけたことがありました。それは、私がいつもとは違う展開で授業を進めようとした時でした。「何か違う」と感じた小島さんは、「先生！いつも通りの展開で」と私にそっと伝えてくれました。とても嬉しく、そして安心したのを覚えています。「そうだよな、いつも通りだよな」と。

　いつも通りの、「子どもと一緒につくり上げていく授業」はまさにライブです。パソコンに向かって原稿を書くのとは訳が違います。子どもの様子を見て、その場で判断して、その場で授業の展開を変えることもあります。授業者の私は真剣勝負。子どものことしか見えていません。だから、本人が気づかない授業づくりのポイントを小島さんからたくさん教えていただきました。音楽づくりの授業で悩んでいる先生だけではなく、私にとってもプラスになる本となりました。

　本書をつくり上げる過程では、音楽之友社の岸田雅子さんからもたくさんのお知恵やアイディアを頂戴しました。ここに改めて感謝の意を表します。また、授業をともにつくり上げてくれている子ども達や私を支えてくださっている多くの方々に、「ありがとうございます」と伝えたいと思います。

2016年3月

平野次郎

[著者略歴]
平野次郎（ひらの・じろう）

筑波大学附属小学校教諭（音楽科）
1981年福岡県生まれ、千葉県育ち。尚美学園大学（ジャズ＆ポップス専攻）を卒業後、千葉県の公立中学校・小学校勤務を経て現職。
研究テーマは「対話する音楽授業づくり〜思考力とコミュニケーションに視点をあてて〜」。音楽づくりや即興表現、iPadを活用した授業構成、鍵盤ハーモニカやリコーダーの新たな活用方法を切り口に研究を進めている。全国各地の研究会や研修会等で、主に「音楽づくり」の指導法や授業アイデアの講師を務め、好評を博している。
「音楽の楽しさを伝えたい」という思いをこめた授業開発や、子どもが輝く楽しく知的な実践を通し、授業づくりのヒントを発信中。

【著書】
『わかる できる つながる！一人ひとりが輝く音楽授業アイデア26』（学事出版）
『「先生、楽しいね！」と言わせる 音楽づくり 入門ワザ21』（鈴木楽器製作所）
『音楽の力×コミュニケーションでつくる音楽の授業』（東洋館出版社）共著
『教科で育てるソーシャルスキル40』（明治図書）共著
『筑波発 教科のプロもおすすめする ICT活用術』（東洋館出版社）共著　他

【DVD映像指導資料】
「楽しく実践できる　音楽づくり授業ガイド　高学年」（学事出版／文部科学省）
「わくわく☆音楽授業ドキュメント!! in 筑波大学附属小学校」「わくわく☆音楽授業ドキュメント!!2 in 筑波大学附属小学校《音楽づくり編》」（ジャパンライム）

[音楽指導ブック]
Q&Aと授業リポートで探る
音楽づくりの言葉がけ
表現意欲と思考を導くために

2016年4月30日　第1刷発行
2023年7月31日　第3刷発行

著　者　　平野次郎
発行者　　堀内久美雄
発行所　　東京都新宿区神楽坂6-30
　　　　　郵便番号 162-8716
　　　　　株式会社　音楽之友社
　　　　　電話　03(3235)2111（代）
　　　　　振替　00170-4-196250
　　　　　https://www.ongakunotomo.co.jp/

取材・構成・編集　　小島綾野
表紙・本文イラスト　野口あさみ
写　真　　　　　　　小島綾野・平野次郎
装　幀　　　　　　　廣田清子（office SunRa）
本文デザイン　　　　光本順一
印　刷　　　　　　　星野精版印刷（株）
製　本　　　　　　　（株）プロケード

©2016 by Jiro Hirano

本書の全部または一部のコピー、スキャン、デジタル化等の無断複製は著作権法上での例外を除き禁じられています。また、購入者以外の代行業者等、第三者による本書のスキャンやデジタル化は、たとえ個人や家庭内での利用であっても著作権法上認められておりません。

ISBN978-4-276-32162-5　C1073
Printed in Japan　　　　　　　　　　　　落丁本・乱丁本はお取替えいたします。